きょうちん、おやりん、ドッキーの

「幸せ時間ふやし隊」宣言

注

プライバシー保護のため、この本に出てくる全ての人物や出来事については、年齢や身体的性別、職業、発言や行動、場所や時間などを事の重大性が変わらない程度に変えてフィクションにしています。

はじめに――幸せ時間を増やしたいと願っている方へ

日常の会話で「死ね、殺す、消えろ」と言う子どもが驚くほど増えています。令和の時代に入ってからも、小学生によるSNSでの誹謗中傷、子どもたち自身による児童ポルノ拡散まで起きているのが現実です。大人を見ても、そうした子どもが親になったような人が0（ゼロ）ではなく、職場でも「モンスター新人」と呼ばれる、非常識で礼儀知らず、失敗しても他人事で開き直り、謝罪すらできないのに権利の主張だけ一丁前で、突然仕事を辞めるという事例が量産され続けています。

このままいくと、私たちが年老いたころには、子どもたちから「死ね、殺す、消えろ」と暴言を吐かれ、老人ホームに入ってもモンスター職員にカメラの死角で虐待されながら、早く死んで楽になりたいと懇願することになるかもしれません。

私は、教育以前の「しつけ」についていろいろと考えることがあります。世の中の人だれもが、独身でも我が子がいなくても、子育てを終えていても、子どものしつけを共働きで忙しい親や激務の教員たちに丸投げせず、協力していくことが大切だと思います。我が子のしつけくらいちゃんとしろよと令和の親たちに冷たい視線を送っておいて、誰かが大人になるまで育ててあげた他人に、優しく介護してもらおうなんて甘い考えです。しつけ不足のモンスターたちが、他人であるボケ老人の下の世話や介護を笑顔で優しくやってくれるわけがないでしょう。

共働き子育て世帯は、ただでさえ仕事や家事・子育てにバタ狂いながら幸せな自分時間が少ない中で苦闘しているのに、昭和の専業主婦と不利な比較をされ、親のしつけがなってないと不当に世間から冷たい視線を送られています。

教員の世界では、「定額働かせ放題」のシステムの中で採用試験倍率低下・定員割れ・担任不在などの問題が起きています。人間性を疑うわいせつ教員や、体罰教員などの犯罪教員が後を絶たず、学校内でのいじめを隠蔽する役目を帯びて職場に潜り込んでくる教員までいるありさまで、質の低下、悪化が露わになる中、一方で責任感のある真面目な教員は人手不足の激務に押しつぶされて心の病にかかってしまうケースが少なくないのです。これでは学校に適切な教育や指導を期待することすら無理というほかありません。

そんな余裕のない学校に、何か要望を言ってもモンペ（モンスターペアレンツ）扱いされそうで相談もしにくいということで、義務教育とはいえそんな学校に大切な我が子を安心して預けられないと思っている親も多いことでしょう。

民間企業、事業所の間では、今、良い人材の取り合いで人手不足の問題も起きていますが、それはこれまで、子育て世帯のしつけがうまくいかない事情を考えようともせずに、社会がただ冷たい視線ばかり彼らに送ってきたツケが回ってきているのかもしれません。世の大人たちが、他人の子のことなど知ったこっちゃないと背を向けている環境で、勝手にいい人材がすくすく育つとでも思っていたのでしょうか。常識や礼儀を丁寧に教える時間のある親ばかりではないのです。昭和のカミナリ親父や世話焼きばあさんは絶滅したか、もしくはいわれのない批判を恐れて肩身の狭い思いで息を潜めています。良い人材がいないなら育てる段階から自分事として関わる必要があると私は思います。

親は十分なしつけの時間がなく、衣食住を用意するためのお金を稼ぎ生活するだけで精一杯。教員は一部のモンペやその子どもの暴言や暴力になす術がなく、鉛筆で刺される子や椅子で殴られる子がいないよう安全を確保するだけで精一杯。教員の教材研究や保護者対応は自発的にやっているだけだから労働時間として認められないと裁判でまで決まってしまいました。そんな状況で、どうやってまともな教育ができるというのでしょうか。

本来、親と教員は敵対関係ではない。国民と官僚は敵対関係ではない。親同士、教員同士、国民同士、官僚同士、国同士、地球人同士、そしているかどうか分からない宇宙人同士でさえ、敵対関係がよくないことは分かっているのに、現存してしまっているモンスターたちに社会が振り回されるのは全くの時間の無駄というものです。モンスターを一々叩くだけの時間は必要最小限にして、冤罪を防ぎつつ加害者モンスターたちがこれ以上のさばらないようにする方策を具体的に一緒に考えていきましょう。

私たちはみんな、広い宇宙の片隅で、自分の幸せ時間を増やしたいという共通の目的をもった仲間ではありませんか。出てきた現象ばかりにいらいらして、事の詳細を知らない当事者以外の人まで言った言わない、やったやらないの水掛け論や言い訳合戦に時間を費やしている場合ではありません。子どもたちが自分の好きなこと、自分に合った学び方に自分で「気づく」ことができるように、大人全員で子どもに関わっていきましょう。

幸せ時間を増やしたいという共通の目的さえ忘れなければ、私たちは必ず助け合えるはずです。綺麗事だの理想論に過ぎないだのと批判し合って足の引っ張り合いをしている暇はもうありません。あくまでも現実的で具体的に、必要な「お金」「時間」「人員（マンパワー）」を意識した改善策を考えることを提案します。

自分で意見を発することができない人もたくさんいるでしょうが、その人を大切に思う家族や周りの人たちが代わりに声を上げていきましょう。立場や価値観の違う大勢の一人ひとりが、自分の幸せ時間を増やすために真剣に考えて意見を出し合えば、きっとデメリットの少ない具体的解決策を捻り出せるはずだと思います。

今、私にはそんな行動力はないよと思ったあなた。そんなことはありません。目の前に真夏の車内にとり残された子どもがいたらどうしますか。遠くで踏切の音がする中で線路に倒れそうになっている中学生に気づいたら。誰かが手首を切っている最中に出くわしたら。あなたは見て見ぬふりをしますか。救いたいという思いが無条件に湧き上がるあなたには、その思いを行動に移す力がすでにあります。

あなたの目の前ではなくても、どこかで声を上げることもできずに殺される子どもや、あなたの目に触れない場所でひっそりと死を選ぶ人たちが少しでも少なくなるように、どうしたらいいか具体的解決策を一緒に練り上げていきたいです。

人はお金や時間、そして寄り添ってくれる人が不足していれば、簡単に心が壊れてしまうものです。生き続けることより死ぬことの方が魅力的で幸せだと思わされたとき、人は自ら死を選ぶことがあります。

でもどうか、そんなときには私の勝手な押し付けだと自覚しているけれど、死にたいというあなたの心を誰かに向けて開いて見せてほしい。それが難しいことはわかっています。それでも、かけがえのないあなたがこの世から消えてしまう前に、あなたの心の苦しみに共感する人がいると知ってほしい。可能なら、この私に見せてほしい。一緒に苦しませてください。悩ませてください。

完璧な解決策なんていくら探しても見つからないのかもしれないけれど、昨日の絶望より今日の絶望の方がほんの少しでもマシになっているように、明日の絶望の奥に、小石なのかいつか花開く種なのかさえ分からない小さな粒だけでもみつけられるように、一緒に考えさせてください。一緒に涙を流し、そっと泣かさせてください。そして死を一日一日延期しながら、一緒に幸せな時間を増やしていきたいです。

幸せ時間をできる限り増やすために手を取り合うことができる「幸せ時間ふやし隊」の隊員は、きっとあなたのすぐそばにも、地球の裏側にも、宇宙のはるか遠い未知の惑星にも存在しているはずです。

✤目　次✤

第三章　子どもと学校、教師たち……67

第四章　コメ活のススメ……141

第一章　令和の学校の姿

■ある学校のある学級開き

今日は始業式の日。あるクラスで新しい担任教師が児童たちに話をしている。このクラスは去年学級崩壊したクラスの一つで、この学校でNO・3のひどさで荒れている。支援員（教育委員会が地区の学校に配置する教育支援員）はNO・1、NO・2に配置されこのクラスには来なかった。一部の子が大声で私語をしてわざと妨害し続けるので、他の子が担任の話を聞こうと耳を澄ましても全く聞こえない。どうせ聞こえないからと、子どもたちは席を立ったりふざけたり暴れたり物を投げたりとやりたい放題。その騒がしさに負けずに机に伏せ、寝たふりか寝てるか分からない子もいる。そこで担任は仕方なく、スクリーンに話の概要を映しながら大声で話すことにした。

一番ひどく暴れている児童を見つけ、他の子に危害が及ばないようにその児童を押さえつける。「体罰」にならないように注意しながら。

担（担任）「私はこのクラスの幸せ時間を増やしたいので、暴力を振るう人のことは、今日から全員名指しで警察に通報をします。おうちの人にも今日中に報告します。他にも、誰かにケガをさせたり、物を壊したり、ＬＩＮＥやＴｉｋＴｏｋなどのＳＮＳで悪口を言ったりしている場合も名指しで通報します。証拠がない場合や、嘘をついて誰かに罪をなすりつけようとしているかもしれない場合でも、真実をはっきりさせるために警察に相談して調べてもらうことがあります。

今からこのクラスのリーダーを決めます。リーダーにはこのクラスの幸せ時間を増やしたり、大人になってからの幸せ時間が増える可能性を高くしたりするために、よく考えてルールを決めてもらいます。

そのためにリーダーは昼休みも活動したり、宿題を多めにしたりすることがあります。そうしないとこのクラスの幸せ時間が増えにくいからです。

リーダーが決めたルールは必ず守ってください。守らない人がいると周りの人やあなたの、今や未来の幸せが減ってしまう可能性があります。守らない人には厳しく指摘します。これもリーダーの仕事です。

一分間だけ待つのでリーダーをやりたい人は手を挙げてください。誰も手を挙げなければ私がやるので大丈夫です。

■リーダーの役割 国と学級は似ている？

……一分経過。

担「いないようですね。では私がリーダーです。私が決めたルールは必ず守ってください。もし、あなたがリーダーをやりたいと思ったら明日は一分以内に手を挙げてください」

児（児童）「は？　何でお前のいうこと聞かないといけねーんだよ！　担任ガチャハズレって言われてんの知らねーの？」

ここでスクリーンは静止。まだ騒ぐ人がたくさんいるが耳をすませば聞こえるくらいの声量に変えて話を続ける。

担「あなたはこの騒がしい中、文字を読むか耳を傾けるか工夫して話を聞いていたのですね。聞く力と意見を出す力は幸せになる可能性を高くするためにとても大切です。だからあなたの質問に答えます。私の言うことを聞かなければならない理由は、さっき誰も手を挙げず、私がリーダーだと決まったからです」

児「勝手に決めんな！　お前がリーダーとか聞いてねーし！」

担「勝手には決めていません。あなたが人の話を聞いていないから、知らないうちにリーダーが変わってルールも変わってしまったのです。人の話を聞くことで、あなたが知らないうちにリーダーが変わったりルールが変わったりすることが減って、あなたの幸せ時間は増えやすくなります。だから人の話は聞きましょう。あなたが私の代わりにリーダーになりたいのなら、明日一分以内に手を挙げてください。リーダーになったらこのクラスの幸せ時間を増やすために昼休みに活動したり、宿題を多めにしたりすることがあります。これはさっき私が話したことです。明日からは同じことを二回も説明する時間はないかもしれません。一回でよく聞いておいてください。どんなことをしたら警察に名指しで通報をされてしまうのかもさっき説明しましたが、今日は初日ですから聞いていなかった人のために今日話す内容をまとめたプリントを配ります。よく読んで覚えておいてください。おうちの人にも見せてあなたが説明しておいてください。通報されてから知らなかったと騒いでも何の意味もありません。私は構わず通報します。今日はリーダーを決める時間はもうありません。このクラスの幸せ時間を増やすために、他に話し合うことが山ほどあるからです」

ここからはスクリーン再開で文章を映しながら話す。

担「それと、今は静かに人の話を聞き、手を挙げて私に指名されてから発言した人の意見しか取り入れません。話を聞いていない人の意見を取り入れるとクラスの幸せが減ってしまう可能性が高いからです。また、手を挙げない人の意見も本当は知りたいのですが、丁寧に聞いて回る時間はありません。他に話し合うことがたくさんあるからです。では、昼休みにクラス全員で何をして遊ぶか決めます。全員で遊ぶ理由は、去年自由にバラバラに遊ぶと誰かが誰かに暴力を振るったりケガをさせたりするトラブルが起きたと聞いているからです。すると被害にあった子はつらい思いをしますし、私は必ず警察に通報しますので、通報された人の幸せ時間も減ってしまいます」

児「じゃあ通報しなきゃいいじゃん。担任なんだからケガさせたらお前のせいだろーが」

担「また、誰かを無視しようと誘ったり、嘘の噂を流したりして誰かの心を傷つける人が去年いたようなので、そういう人がいなくなるまで自由に遊ぶことはできません」

児「お前こそ無視すんなー！」

担「みんなで遊んで、無視の誘いをしたり、本当か分からない噂を流したりする人を見つけやすくします。そういう行動を私は厳しく指摘します。けれど、いやなことをされたり、邪魔をされたり、暴言や暴力を受けたりしてあなたの心や身体を傷つけられることがありますよね。そんなとき、あなたを傷つけた相手のことを、誰も誘わずにあなた一人で無視することを私は許します。あなたの幸せ時間を守るために大切なことだと私は思うからです」

児「やばー。無視を許す先生だって親に言おっかなー」

一人の児童が手を挙げる。

担「はい。手を挙げて意見を出そうとするのはとても良いことです。蒼さんどうぞ」

児「先生も無視することがあるってことですか」

担「話を聞く時間がある時は無視しませんが、無視することは先生にもあります。先生はこのクラス全員の先生なので、時間が足りないときは、人の話を聞く人、自分から意見を出す人、このクラスの幸せ時間を増やそうとする行動をしている人の話を優先して聞きます」

児「はー。めんどくせー。うざー」

担「昼休みにみんなでする遊びはドッヂボールとけいどろ（警察役と泥棒役に分かれてやる鬼ごっこ）のどっちがいいか手を挙げてください。指や肘などの関節をできる限りすべて伸ばし、天井になるべく近づくように挙げていないと数に入れません。ドッヂボールがいいと思う人は手を挙げてください。素晴らしいです。手を挙げているほとんどの人が正しい手の挙げ方ができています。二人は手の挙げ方が正しくなかったので予告通り数に入れません。時間がないので進めます」

児「いい加減にしろよてめー」(児童の一人が立ち上がって担任に向かう)

担「誰かが警察に通報すべき行動をしてしまった時のために今からビデオを回します。先生が通報できそうにないときは、あそこの受話器をとれば職員室につながります。急いで進めます。けいどろがいいと思う人は手を挙げてください。素晴らしいです。手を挙げている人全員が正しい手の挙げ方ができていますので全員の数を入れます。ドッヂボールが多いのでこの一年間、昼休みは毎回みんなでドッヂボールをすることに決めていいですか。他にもたくさんのルールを決めないといけないので残り三分しかありません。意見のある人は急いで手を挙げてください。はい。つむぎさん」

児「毎日ドッヂボールは嫌です」

担「わかりました。意見を出すことは素晴らしいです。では一番人気のドッヂボールでも嫌な人がいたので昼休みは何もせずみんなでぼーっとするか九九を唱え続けることに決めていいですか？　残り二分四十五秒です。はい、陽介さん」

児「ドッジボールもけいどろもやればいいと思います」
担「なるほどいい意見です。ではけいどろは月曜日、その他は人気一位のドッジボールにしていいですか？　はい、心美さん」
児「月曜日は祝日が多いから金曜日をけいどろにしてほしいです」
担「わかりました。月火水木はドッジボール、金はけいどろにしましょう。先生は今年図書委員会で図書室の開いてる昼休みは委員会をサボる人に指導しなければならないのでドッジボールのライン引きはドッジボールに手を挙げた人全員で分担してやってください。残り二分です」
児「はー？　それほぼ毎日じゃん」
児「えー。無理だよ。大人がやらないと変なコートになるし、じょうろに水汲むのめんどくせー」
児「先生がやってよー」
児「水が入ったじょうろ重たいよね。それならけいどろに挙げればよかった。最悪ー」
児「けいどろに挙げた人楽できていいなー。ずるー」
担「今けいどろを選んだ人に対してずるいと言ったのは誰ですか？　自分の言葉には責任

を持ってください。自分たちだけで遊ぶことを考えて、準備が楽であるけいどろを選んだ人だっているんですよ。自分で選んだ遊びの準備を人任せにするのはやめなさい。先生は誰がドッヂボールに挙げたか正確に覚えていますよ。手の挙げ方が正しくなかった二人にもコートを描いてもらいます。残り一分二十秒です。はい、雄純さん」

児「もう一回選び直したいです」

担「わかりました。ドッチボールがいい人。……ではけいどろがいい人。……全員けいどろですね。ほとんどの人が正しい挙げ方でした。では暴力や無視の誘い、嘘のうわさを流す行為がなくなるまでは、みんなでけいどろをすることに決定していいですか？　はい、光さんどうぞ」

児「一人で本を読みたい人もいると思うんですけど」

担「いい意見ですね。けれど、その人が一人でいるのが好きなのか、本当はみんなと遊びたいのにできないのか、まだ先生にはわかりません。去年、一人で遊べと誰かに命令して指導された人もいると聞いています。苦しんでいる人からの相談がないようだったら、自由に遊べるようにしたいと思います。残り十秒です」

コソコソ私語する子は多くいるものの誰も手を挙げず十秒経過。

担「時間が来ました。しばらくの間、昼休みの遊びはけいどろに決定です。次の話に進みます。

誰かの心や身体を傷つけてしまったとき、誰にも言うなよと脅したり、誰かにバレたからといってさらに罪を重ねたりするのは絶対にやめましょう。相手とあなたの幸せ時間が減ってしまいます。あなたが誰かの心や身体をわざと傷つけてしまったとしたら、それはあなたの幸せ時間が減って心が弱っている証拠です。だから周りの大人に相談して話をしてください。

人を傷つけた側も相談していいんですよ。先生だけではなく、できるならなるべく多くの大人に相談して話を聞いてもらい、あなたの苦しみを伝えてほしいです。

何でか分からんけどイライラするとか、暴れてしまって手や足が誰かに当たってケガさせてしまったとか、明日着る服を探してもなかなかみつからないとか、ご飯がちょっと足りない気がするとか、寝る場所がちょっと寒いかもしれないとか、なんとなくさみしいとか、理由はわからないけど誰かの悪口ばかり言ってしまうとか、困ってることを相談してほしいと思います。

相談するのは勇気がいると思いますが、方法はたくさんあります。心や身体を傷つけられたときも、傷つけてしまったときも教えてください。自分で手紙を書いてもいいし、友達やおうちの人に話してから先生に伝えてもらってもいいです。相談相手も、担任じゃない先生や保健の先生、校長先生でもいいんですよ。

また、先生はときどき手紙の宿題を出します。中身がすけて見えない封筒と紙を配り、先生に手紙を書く宿題です。好きな絵を描くだけでもいいので簡単な宿題です。封筒は全員のりで貼ってもらい、先生が教室に来てから直接手渡ししてもらいます。人の手紙を勝手に開けることは法律で禁止されているので、そういうことをしようとする人は名指しで警察に通報します。

先生が直接あなたから受け取った大切な手紙は鍵のかかる場所に入れて、子どもたちが学校にいない時にしか出しません。返事を書く時間はないかもしれませんが、その分困っていることについて勇気を出して書いてくれた人の幸せ時間を増やすために先生の時間を使っていきます。

手紙は丁寧に読ませてもらい、子ども同士の話し合いが必要であれば、幸せ時間が少なすぎる人の問題から順番に話し合いをします。校長先生やおうちの人、警察の人と一緒に、どうしたらその子の幸せ時間が増えるか考えることもあります。

手紙の数や量が多すぎて幸せ時間を増やすまでに時間がかかることがありますが、幸せ時間が増えるまで先生が諦めることはありません。一年以上かかってしまい、担任や校長先生が代わったとしても諦めません。幸せ時間が少なすぎる人を優先的に次の担任や校長に話をします。

この学校全体の幸せ時間を増やすために、先生たちも校長先生も警察も協力しています。あなたのおうちの人や地域の人とも協力しています。みんなで幸せ時間をどんどん増やしていきましょうね。これから一年間は先生があなた方の担任です。どうぞよろしくお願いします。

第二章　子どもの世界と親

■「幸せ時間ふやし隊」結成！

幸せ時間を増やすため、一人の共働き子育て中の母・おやりん（「親」）、達観独身貴族の女・ドッキー（「独」）、そして、クラスの子どもから目が離せずオムツをして教壇に立ち続け、虐待案件や万引きした児童の引き取りなどに追われて三ヶ月間の記憶が消えている元サンドバッグ教員・きょうちん（「元」）の三人による「幸せ時間ふやし隊」が生まれた。ランチ会などで具体的解決策を模索することになるが、まずは「親」と「独」のある日の会話から始まった。

親「最近、息子のゲーム中の言葉遣いが気になっててさ。旦那もスマホばっかで注意せんし、私だけが悩んでて……。仕事の疲れも癒えんまま家事に追われてすぐ次の日が来ちゃうんだよね。病気になりそう」

独「どしたん？　eスポーツ（対戦型のコンピューターゲームなど）とか流行ってることだし、言葉遣いくらい叱って直せばいいんじゃない？　子ども何歳だっけ」

親「小二。でもさ、情けないけどゲーム中『消えろ』とか『死ね』とか普通に友達に言ってるんだよね。周りの子も普通に言ってるし」

独「え、小学生でそれは結構深刻だね。そのまま中学生になったら、いじめとかにもつながりそう」

親「それが心配。いじめって軽い言葉が使われてるけど犯罪だもんね。けど他県に住んでるうちの甥っ子とかも、いい子そうなのにそんな感じだよ。私の姉ちゃん、子どもが小さいときから言葉遣いには意識して育ててきたのにって相当悩んでる。そういう親って結構多いんじゃないかな。ごめんね愚痴ばっかり言って」

独「いやいいよ。私にも他人事じゃないし。何年か後にはその子たち世代が新人としてうちの会社にも入ってきて同僚になるわけだからさ。今でも、さすがに死ねとは言われたことないけど、敬語しゃべれない子ホント多いよ」

親「やっぱりそうなんだ。でもみんながそうって訳じゃないでしょ」

独「もちろんやる気ある子もいるけど、とんでもなく非常識な子とか、最低限の礼儀を指摘しただけで泣いて無断で急に辞める子とかいて、ホントびっくりするよ。挨拶しないとか、自分の失敗で周りに迷惑かけても謝罪もできないとか。新人だから失敗は仕方ないとしてもさ、他人事みたいに涼しい顔してないで謝罪はせめてしようよってホント思う！

しまいには『聞いてませんでした』とか『ちゃんと教えてもらってません』とか開き直って、その日に終わらせなきゃまずい仕事を周りに押し付けて自分だけ先に帰ったりするからね。こっちもキレそうになるけど優しく諭さないとすぐ辞めちゃうし。かなり優しく言ったときでも『パワハラで訴えます』とか言ってきたからね！」

親「うわー、何それ、腹立つねえ。でも確かにうちにもいるわ、そういう子。しかもその子のせいでこっちは半強制的にサビ残（サービス残業）だからね。親の顔が見てみたいわってていつも思ってるけど、よく考えたら我が子がそうならないとは一〇〇パーセントは言い切れないな。敬語なんてもちろん使えないし、挨拶とかも口酸っぱく言って聞かせてるけどできてないこと多い。死ねとか平気で言うレベルだからね。あー情けない」

独「でもそういう言葉って親がみんな厳しく躾けそうなのに意外だわ。私たち世代もウザいキモいはまあ言ってたけど、消えろとか死ねとかをよその家でも平気で言うってことは、周りの子たちも何とも思ってないんかな。その子たちの親は知ってんの？」

親「あんまりにもひどい子がいたから担任に言って相手の親に直接連絡しようと思ったこともあるんだけど、それが難しいんだよね。仕事終わってから電話しようと思っても一番忙しい時間帯でさ。ご飯作って食べさせて、音読のサイン（小学校の宿題で子どもが教科書を音読するのを親が聞いて確認カードにサインする）して、宿題プリントチェックして、漢字ノート見て、忘れ物してないかチェックして、お風呂入らせて、仕上げ磨きしてスマホどうにかやめさせて寝かせるだけで精一杯。しかも相手の親も同じように忙しいんだろうと思うと連絡しづらいんだよね。逆恨みされても嫌だしさ」

独「そっか、今は昔みたいに連絡網ないんだってね。ＬＩＮＥも全員分知ってるわけじゃないんだ、やっぱ」

親「そーそー。どんどんＬＩＮＥ交換してあんまり深く関わりすぎてもそれはそれでトラブル招くしね。でもコロナ禍で通信でゲームしてるときも死ねとか言ってたから、ゲームに夢中になってつい暴言が出ちゃうみたい」

独「えー、通信でゲームか。時代は変わったね。けどそれならみんなで一斉にゲーム取り上げりゃいいじゃん」

親「そうなんだけど、取り上げたら取り上げたですごい暴言吐くんだよ。それこそクソババアは当たり前で、死ねとか殺すとか出てくる」

独「えー、親に対してもそんな言葉使うんだ。ひっぱたくわけにはいかんかな、やっぱ」

親「そー、悲しいよ。てか、うちの子だけじゃなくてよその子も平気で私に言ってくるからね。でも今の時代よその子はもちろん、我が子でも体罰はダメって風潮だからさ。たたいてやめさせても根本解決にはならんともよく聞くし」
独「まーそうか。けど親以外の大人にさえそんなこと言うなら、誰にでも言ってるね、たぶん。ゲーム面白いみたいだけど、子どもには買い与えんに限るね」
親「いや、それがそうもいかないんだよ。私もゲーム買い与えたくなかったんだけどね」
独「じいじばあばがプレゼントしたとか？」
親「実はそうなんだけど、じいじばあばも最初はゲームの悪影響を心配して、孫に強くねだられても買わなかったんだよね。けどそしたらうちの子、持ってる子みんなに貸して貸してってずっと言い続けて煙たがられてたみたいでさ。だんだん孤立してきて」
独「代わりばんこで使うわけにはいかないの？　それも社会勉強じゃない？」
親「こっちはお金も出さず迷惑かけてる側だったからね。今本当にゲーム流行ってるから仲良い友達もみんなゲームに夢中だし、そりゃ貸したくないよ」
独「そうかー。確かにうちらの時代もスーファミとかゲームボーイとか流行り出したらすごい勢いだったもんね」

親「そうそう。だから我が子が孤立したり、他人に迷惑かけたりするくらいなら買った方がいいかもなって親も祖父母も思うようになって、結局みんなで買い与えて、みんなで困ってるっていう結果に……」

独「悪者おらんのにみんな不幸じゃん。安易に買い与えたわけじゃなくて、みんなちゃんと真剣に考えた上で買って、そうなってるんだ。難しいね」

親「うん。けどさ、死ねとか殺すとか結構何も考えないで軽くそういう言葉使ってんだよね。『そんなこと言われたらお母さんすごく悲しいよ』って何回も繰り返し言ってるけど、それでも平気で言うから、クセになってるだけなのかなーとか思って諦めちゃってる。注意してもさらに暴言吐かれるだけだから、つい放置しちゃうんだよね」

独「けどそういうのこそ早めにやめさせせんとエスカレートするんじゃない？　小二からずっと死ねとか消えろとか言い続けてきてれば、中学生になってからいじめだからダメですよとか言ったたって絶対やめないでしょ。それこそ中学生になってからぶん殴ってやめさせようとしたところで反抗してやめないだろうし、そもそも体罰じゃ根本的な解決にならないってさっき言ってたじゃん？　だったらなおのこと早くやめさせせないと絶対よくないと思う。今のうちにゲーム機叩き割ってでもやめさせせなよ」

親「確かに。両実家からも私の躾が甘すぎるって結構責められてんだよね。消えろも死ねも日常的に聞きすぎて麻痺してたわ。でもそうだよね。我が子がいじめの加害者になるとか絶対いや。被害者にも絶対なってほしくないし」

独「えー。麻痺するほどみんながそんな言葉使ってるってどんな状況？　最初に聞いたとき注意しなかったの？」

親「もちろんしたよ。『そんな言葉使うならゲームはやめなさい！』『言われた方の気持ち考えな！』みたいな感じで理由も話して注意したけど、うちの子も含めてよその子たちも一緒になって『うっせー、黙れ』とか『邪魔すんな』とか言い返してきてさ。ヒートアップして余計に悪化するし、さらに汚い言葉がどんどん出てくるだけだから放置するしかなくなって、みたいな感じなんだよね」

独「確かに注意しても悪化するなら本当になす術がないね。でもよくそんな子たちに注意したよ。今は他人の躾に口出すなーみたいな無言の圧力あるから勇気いったと思うし」

親「そーなんよ。本当はもっとガツンと言ってやりたかったけど、ホント他人の子に注意するの気を使う時代になったよね。その子たち全員の親知ってるわけじゃないからどんな親かわかんないし、逆ギレされても嫌だしさ」

独「そのリスク考えると怖いね。もしかして相手がモンペ（モンスターペアレント）だったらやばいし。だから子どもたちがつけあがるんだろうね。人の家に上がり込んどいてなんなん？　腹立つわー」

親「そうそう。いくら子ども相手でも腹立つ。私も仕事から帰ったらひと息つく間もなく急いで家事やんないと間に合わないから心の余裕もないし。子ども寝た後も家事いっぱい残ってるしさー」

独「ひえー。仕事がんばった後も自分の時間全然ないじゃん。私とか仕事のストレス発散でワイン飲んでスモークチーズと生ハム食べなきゃやってらんないよ。旅行だって行きたいし、靴とか服とか自分にご褒美買いたいしさー。それでもどうしようもない孤独にのみ込まれそうになる日もあるから、結婚は羨ましいし子どももできるなら欲しいけど、そんな暴言吐くよその子の相手は絶対やだなー」

親「ワインにチーズに旅行にご褒美か、羨ましー。そりゃ我が子はかわいいよ。けど子どもも生まれてから今日まで自分の時間なんか全然ないよ」

独「げー私には無理。お店とかで走り回ってる子たち見て親の躾がなってないなーとか思ってたけど、事情聞くとホントに今の親たちってがんばってんだね。今まで冷たい視線無意識に送ってたかもしんないけど反省。今度からもっと温かい目で見るわー」
親「いやありがとう。こっちも公共の場で走り回るの悪いってもちろん自覚してて、何回も言って聞かせてるんだけど、うちの子もやっぱり走って迷惑かけてしまうこと多々あるんよ。なんとかしたいんだけど説教する時間もなく寝かせる時間になっちゃって、仕事と子育てと家事に追われてすぐまた次の日が始まる状態でさ。ホントごめんね」
独「いや、仕事でどうしようもないほど疲れてるときって絶対あるよね。それなのに仕事の後まで自分の時間を犠牲にして子育て業務もこなしてくれてると思うとホント感謝だよ。今ここにあるコーヒーだってパンケーキだって、テーブルだって電化製品だって、誰かが産んで育ててくれた子どもが大人になってつくってくれてるわけだし。私の会社のサービスとか商品のお客も私がいずれ年老いて入ろうと思ってる老人ホームで私のお世話をしてくれるのも、元を辿れば誰かが産んでくれた子どもなんだからさ。子育てしてくれる人いなくなったら人間滅びるしかないんだからありがたいよ。十分がんばってるよ」
親「そう言ってもらえると心が軽くなるよ。本当にただでさえ我が子と関わる時間少ないのに、躾けなきゃいけないこととかが多すぎてあれはダメこれもダメってガミガミ怒って辛い思いさせてばっかり。優しく言ったって聞きゃしないしさ。ネットとかで時間をかけてゆっくり諭しましょうとか書かれてるけどそんな時間どこにもないし。仕事のストレスで八つ当たりみたいに厳しく言い過ぎちゃうことだってあるしさー。本当はもっとゆっくり遊んであげたり褒めてあげたりしたいのに。毎日毎日自己嫌悪になって自分責めながら寝てまたすぐ次の朝が来るよ……。なんかもう、つらい……」

独「……。あーもうよしよし。涙拭きなよ。はいティッシュ」

親「……」

独「……十分がんばってるよ。これ以上ないくらいによくやってる。それ以上無理だよ」

親「……」

独「悩むのは子どものために真剣に考えてる証拠だよ。今のまんまで、そのまんまで本当にいいお母さん」

親「……ありがと」

■死ねと言われながら介護される老後や、死ぬ直前に辛辣な言葉をかけられるのはイヤ！

独身の人にも無関係な話ではない。将来あなたが入居するかもしれない老人ホームであなたの下の世話をしてくれるのも、身体を支えてお風呂に入れてくれるのも、誰かが産んで育て、小学校や中学校で義務教育を受けて大人になった誰かだ。高額なロボットが全て対応してくれるようなスーパー老人ホームに入居する億単位の貯金がないなら、「死ね！殺す！　消えろ！」と暴言を吐かれたり、カメラの死角で嫌がらせされたりしなくて済むようによく考えた方がいい。周りで必死に子育てをしている人に冷たい視線を送らず、子ども達が暴言を吐かない心の温かい大人になってくれるように子育てに協力した方が得策だ。

子どもがいたって我が子に介護してもらえるかどうかなんて分からない。親から大切に育てられ感謝している子は、大人になってから忙しい仕事の合間をぬって親の介護に行ったり見舞いに行ったりするのだろうが、親から「どちら様？」と言われた時のショックは計り知れない。愛情をたくさん受けたからこそ余計につらいだろう。足が遠のくかもしれない。反対に親からあまり愛情を感じず親を恨んでいる人は介護なんて当然したくないし、お金なんて一銭も出したくないと考える人もいるだろう。これも当然だ。

どちらにしても介護はつらい。仲良かった兄弟姉妹は話し合いの機会をもうけるものの、遠方だったり通うお金や時間が足りなかったりと仕方がない理由で結局押し付け合いになり、自己嫌悪になりながら仲が悪くなってしまう場合がある。元から仲の悪い兄弟姉妹なら話し合いすらすることができずに事態はどんどん深刻になる。

あなたが死ぬ寸前に、

「今までいろいろ迷惑かけてごめん。ありがとう」

と伝えたとき、

「あー、やっと死んでくれるんだ助かった。世話が大変でお金も時間もかかるしどれだけ迷惑したと思ってるの？　さっさと消えろ」

と言われるか、

「そんなことないよ。老いていくってそういうことだから。迷惑なんて思ってない。私だってこれから通る道だよ。今までありがとう。長生きしてくれてありがとう。大好きだよ。天国でも幸せにね」

と言ってもらえるか、これからのあなたの行動次第ではないか？　もちろん子どもは介護のためにいるわけではないのは当然だが自分が生きている間の幸せ時間を増やすために、今日自分にできることはなにか、真剣に考えてみてほしい。次はそんな話題。

独「……よし！　お宅の子育てのこと、ちょっと本気で解決策考えようよ。どうにかできんかね！」

親「そんな、うちの問題なんだから悪いよ。ほかに楽しい話題ないかな……」

独「いやいや！　このままほっとくと私もわざわざお金払って死ねとか言われながら誰かに介護されることになるかもしんないじゃん！　いつ病気になるかなんてわかんないし、人生一〇〇年時代って言われてるのにそんなことになったら辛すぎじゃない？」

親「確かに、私もその可能性はある。ついめんどくさいし先のことだからと思って現実逃避しようとしちゃったけど、真剣に考えてみようかな」

独「もうさ、そこまで酷いなら言葉遣いのこと学校の先生に相談してみたら？　共働きの親も多いんだし、家で躾できるレベルじゃないでしょ。税金から給料もらってんだしさ。言葉遣いの指導も学校の先生の仕事のうちじゃない？」

親「それも何回も考えたんだけど、母親の私がうちの子一人の言葉遣いを直すのにこんなに苦戦してるじゃん？　二十八人もいるクラスの子どもたちの言葉遣いの指導を、担任の先生一人に押し付けてもさすがに無理だと思うんだよね」

独「考えてみりゃそうだよね。てか、あんた優しいね。そんな泣くほど悩んでんのに、血の繋がりもなんもない担任の先生庇ってあげてさ。えらいよ」

親「いや、優しいとかじゃなくてさ。二十八人全員が死ねって言ってるかは知らんけど、少なくともうちに来たことある八人はゲームの時一〇〇パー全員言ってるからさ。それ見てたら先生がどんだけがんばっても無理だろうなって想像つくんだよね」

独「そっか。貫禄ある肝っ玉母ちゃんが八人相手に怒鳴りちらしたのに無理なんだったら、若い先生が二十八人相手に指導したところでそりゃ無理か」

親「私肝っ玉母ちゃんじゃないし怒鳴り散らしてもいないから！　でも、担任の先生ちょっと頼りない感じあって『担任ガチャハズレ』とか陰で言ってる親も結構いるんだけど、悪い人には思えないんだよね。あんまりじっくり話す時間もないからあくまでイメージだけど。授業中言うこと聞かない子が三人くらいいて、『先生大変そう』ってうちの子も言ってるし。親がたくさん来てる参観日でさえ態度悪い子一人いたしね」

独「聞けば聞くほど私の想像を遥かに超えてくるね。うちらが子どもの時とまるで違うじゃん」

親「そうそう、全然違うよね。最初は担任の先生の指導力不足を疑ったけど、本当に態度悪い子っているし、うちに遊びに来た時に実態を実際見てるからさ」

独「態度悪い子追い出したくても、教育を受ける権利あるからとかって教室から追い出せないんでしょ？　サザエ様のかつお節くんも、ドラぼくえもんののび犬くんも廊下に立たされなくなったしね」

親「そうそう。今の先生たち激務だって聞くし、家で起きたことなのに相談とかしたらモンペとか思われないか心配で、なかなか相談もしづらいんだよね」

独「あー、確かに教員の激務は最近ニュースでよく見るね。正直何がそんなに忙しいのか私には分からないけど」

親「確かに。何がそんなに忙しいんだろうね。今度きょうちん（「元」）に聞いてみようよ」

独「あー、でも連絡つかないんだよ」

親「そーそー私も」

独「けどネットで教員の定額働かせ放題がどうとか話題になってた。年度途中で担任が病休になって、代わりもいないから担任不在のままってこともあるらしいし。成り手不足で採用試験の定員割れが起きたところも出たらしい」

親「え？　そんなことまで起きてんの？　あーでも確かにうちの子の学校でも途中から来なくなった先生いたわ。でも何でかは知らされてない」

独「やっぱそうなんだー。うちらの子ども時代じゃそんなことなかったよね。教員採用試験の倍率も高かったみたいだし。あ、ごめんそろそろ行かなきゃ。なんも解決できんでごめんね」

親「いや私も急いで戻んなきゃ。聞いてくれてありがとう。忙しいのにごめんね」

独「いやお互い様でしょ。てか本当に十分よくがんばってるよ。すごくいいお母さん。もう自分責めるのやめなー。また平日休み合ったら話そー」

■我が子が発する「死ね」「殺す」「消えろ」を0（ゼロ）にしたい

その日の夕方、ご飯を作っているといつも通り息子がゲームを始めた。今日は仲のいい友達も習い事か家の用事で予定が合わなかったのか誰も来ていない。それでも誰かと通信を繋いでいて、相変わらずの暴言っぷり。今日こそじっくり話さないと。

親「はるとー。ちょっとこっちおいで」

子「えー、やだー今ゲーム始めたばっかかなのに」

親「じゃあきりのいいところまでやったらゲームやめて話そうね」

……。

しばらく時間がたった。ゲームを買った時に決めた約束の時間もとっくに過ぎている。

親「時計見てごらん。そろそろやめよっか」

子「今きりが悪いから次のとこまで待って！　きりのいいところでいいってさっき言ったじゃん！」

親「わかった。じゃあきりのいいとこね」

……。

この前息子と話し合った時に決めた、きりのいいところまできた。やめる様子はない。続きをしようとしている。

親「今きりのいいところだよ。やめて話そ。大事なお話があるから」

息子は無視して続けようとしている。いつも通りの反応。ゲームをしてくれていた方が相手しなくて済むから、仕事で疲れていて敢えて放置したこともあるのだから仕方がない。でも、今やめさせないとお風呂やご飯や宿題に追われてまた話す時間がなくなってしまう。今日こそは話したい。そうしないとこのままではいずれ息子はいじめの加害者になるかもしれない。

私はゲームを取り上げた。他の方法を頭の中で探したけれど思いつかなかった。当然大暴れ。前回取り上げた時よりさらにひどく暴れている。

子「もーお母さんお願い！　やりたい！　かして！」
親「今日は大事な話があるから聞いて！」
子「意味わからん！　返して！　ばあばが僕にくれたんだから僕のだよ！」
親「話があるの！　痛い！　やめて！」
子「何で今日はだめなの？　取り上げるとかひきょーだよ！」
親「取り上げなきゃいつまでもやめないからだよ。いいから話を聞いて！」
子「特別にお願い！　やりたい！」
親「痛いからやめて！　話を聞いて！」

子「みんなやってるのになんで僕だけダメなの？」
親「痛いって！　ホントにやめてってば！」
子「お母さん嫌い！　死ね！　バカ！　返してよ、もー！」
　ここで引き下がったらまた同じことの繰り返しだ。暴れる身体を床に強く押さえつけて、息子の叫び声に負けない声の大きさで話を聞かせる。
親「はると！　お母さん死ねって言われたら悲しいよ！」
子「どうでもいいじゃん！　早く返してー」
親「今お母さんに死ねって言ったでしょ！　意味わかって言ってんの？　本当にお母さんに死んで欲しいの？」
　息子の身体から力が抜けた。強く押さえ過ぎて痛かったのか、力では敵わないことがわかったのか、私の言葉に反応したのかは分からない。静かになったので少し落ち着いた声で話すことができる。また暴れ出すかもしれないので、手を握ったまま話を続けた。
親「死ねとか殺すとか消えろとか、どういう意味かわかって言ってるの？　死んだらもう二度と会えなくなるんだよ。それわかって言ってるの？　はるとがお母さんに言ったことはそういうことなんだよ」
子「……だってみんなも言ってるじゃん」
親「その気持ちはわかる。でも今よその子のことは関係ない。死ねってはるとに言われたら、お母さんは悲しくなるよ」
子「はいはいはいはいはいもうわかったから早くゲーム返してって言ってんの！　うざいうざいうざいー。消えろ消えろ消えろー。死んで死んで死んで死んでー」
息子は照れ隠しなのかふざけ始めて話を逸らそうとしてる。こんなこと今まで何回も何回もあった。でも今日こそは真剣に伝えないともう手遅れになる気がした。
親「全然分かってないね。本当にお母さんにもう会えなくなってもいいんだね？」
子「意味分からん。もううざいもういいけんゲームさせてって！」
親「言葉の意味がわからないなら教えないといけないから、お母さん今から死んではるとに見せようか。それではるとが分かるなら。それを教えるのがお母さんの仕事だから」
子「は？　意味分からん。どうせできんくせに」
私は息を止めた。そのまま呼吸をしない状態を続けた。しばらくすると、黙って不思議そうに私を見ていた息子が「うわー」と叫び始めた。私も涙が出てきた。

子「お母さん何してんの！　意味わからん！　ねえねえねえ！」
だんだん苦しくなってきた。息子も強く泣きだした。
子「お母さん！　お母さん！　お母さんって！」
もう限界が近い。息子も私もいつの間にか涙でびしょびしょになっている。
苦しくてとても長い時間に感じた。
子「死なんで！　はやく息してってお母さん！　お願い！」
……。
親「……こわがらせてごめんね。でもね。今はるとが死なないでって言ったからやめたけど、もしまたはるとが死ねとか殺すとか消えろとか言ったら、次は本当にはるとに言われた通りにするからね。お母さんはこれからもはるとに会いたいから死にたくないし、殺されたくないし、消えたくないよ」
子「……」
親「はるとにも、はるとの友達にも、死んでほしくないし、消えてほしくない。よくない言葉を使うのはやめてね」
子「うん」

親「じゃあご飯の支度の続きするね」

……。

子「ねえお母さん。さっき泣いてたでしょ」

親「よくこんな時にそんなこと言えるね。はるとも泣いてたじゃん」

子「ねえお母さん」

親「どしたの？」

子「こわかった」

親「本当にごめんね。お母さんもこわかったよ」

子「お母さん」

親「どしたの？」

子「ごめんね」

親「お母さんもごめん」

■令和の専業主婦を含むすべての親たちの苦悩

生活に必要なお金を稼ぐために、必死に共働きで子育てをしている親たちを、一体誰が責められるだろう。決して、昔より躾が下手な親が増えたわけではない。じっくり躾をする時間を奪われているだけだ。多くの親が我が子の幸せな人生を願って、必要な礼儀を身につけさせようと奮闘している。虐待したり最低限の躾さえ完全に放棄したりする一部の親を除いて、令和の親はこんなにも自分の時間を削ってがんばっているじゃないか。

タクシーに「釣りはいらねーよ」と当たり前に言っていたバブル時代のように、お金が溢れるほどあった時代や専業主婦の多かった時代と令和の子育ては全く違う。躾に費やす時間が大幅に違うのだから、単純に躾の質だけを比べるのは令和の親たちにとってあまりにも不利だ。幸せに生きていけるだけのお金と時間さえ十分にあるならば、給料が低くサービス残業させられ放題のブラック企業で、一部の理不尽な無茶振りをする上司や、一部の人間性が疑われるような非常識な同僚、一部の非常識な後輩に悩まされ、超過勤務が毎月過労死ラインを超える職場など明日にでも見切りをつけて辞めてしまいたい。

子どもたちだってそうだ。必死に働く親と過ごす少ない時間の中で、忙しそうにしている親に甘えるのを我慢して、何とか居場所を探して寂しさを紛らわしているのだからよくがんばっている。その寂しさから暴言を吐くことも多々あるかもしれないけれど、自分たちのためにお父さんやお母さんが一生懸命に働いてお金を稼いでくれているんだということをきっと心の底では理解しているはずだ。

令和の親や子どもたちだけのせいではないのに、お金や時間が足りずに心の余裕がなくなっているだけだ。

実家が遠ければ高いお金を払わない限り救いの手はどこにもない。実家が近ければ心強いが、じいじばあばは病気や慢性的な疲れに悩まされるお年頃で何でもかんでも頼るわけにはいかない。老後の人生だって楽しんでもらいたいし、助けてもらっている分親孝行する時間もどうにかしてつくりたい。その時間を捻出するのにも苦悩する毎日。

令和の専業主婦だって大変だ。行き場のない子どもたちや躾のされていない一部のちびっ子ギャングたちの溜まり場と化した我が家の中で、タダ働きどころか冷蔵庫の中身を漁られ、おやつもねだられ、入っちゃダメと言った部屋にもかくれんぼで勝手に入られた上に、高価なゲームソフトやおもちゃをいつの間にか盗まれている。大変な損害が出続けても、連絡先どころか相手の家も親の顔も分からない。連絡網がないから連絡先を聞こうと学校に電話すれば、チリも積もれば山となるで教員の激務が加速する。担任の先生を責めるつもりはなくとも、どうしようもなく困って相談することさえも気を使う。もしかしたら大切な我が子を預けている学校全体でモンペ扱いされてしまうかもしれない。学童保育の抽選に落ちたり実家が遠かったりで子どもの預け先がなく、仕方なく仕事を辞めた親だっているのに、自宅で無料の学童保育をさせられているようなものだ。

そんな劣悪な状況で、バブル時代のような収入が家計を潤わせてくれるわけでもない。平気で我が家の床や壁に傷や汚れをつけながら死ねと暴言を吐き続けるかわいくもなんともないよその子どもたちの世話を押し付けられている。

■昭和の専業主婦は楽だったのか

では、昭和の専業主婦は楽だったのか？　いや、そうは思わない。暑い夏でもだだっ広い庭だか空き地だか分かりもしない敷地の草むしりをさせられ、顔にシミやシワが大量に発生しても美しく消す方法も時間もない。どこから出没するか分からないやたら大きいネズミやG（ゴキブリ）の退治を日々繰り返しがんばっても、たまたまほんの少し休憩しているところを見せようものならすぐに近所で「働かない嫁が来てお気の毒」と噂され、文明の力であるお掃除ロボや食洗機はもちろんなく、皿洗いの仕方や洗濯物の干し方を覗き込まれていちいち文句をつけられ、今のようにボタン一つで風呂が沸くことも当然ない。二層式洗濯機で寒い冬でも手をビチャビチャにしながら洗濯物を入れ替え、重たい料理本を見て研究しながら義父と義母に三度の食事を用意。買い物に行こうにも車は一家に一台のみで自分の車などなく、重たい荷物を持って帰ればすぐにまたご飯の時間。レンチンや時短レシピなどという言葉すらなく、味が薄いやら濃いやら量が少ないやら多いやら毎度毎度ケチをつけられる。全然楽ではない。むしろ発狂しそうだ。

令和で子育てをする親たちに対して「私は自分がされて嫌だったことは絶対にあなたにしない。できる範囲でサポートするよ」と言ってあげられる多くのお姑さんたちや「私は専業主婦で働いてなかったからね。あなたたちの方がよっぽど大変だしがんばってるよ。手がいる時は言ってね」と謙遜して助け舟を出してくれる多くの実家のばあばたちのことを私は本当に尊敬する。誰にでも真似できることではない。

それでも令和の親より子どもと関わる時間が取れていたので、昭和の専業主婦は長い時間をかけて丁寧に子どもの暴言や暴力などを封じる高いスキルを持っていた。いうなれば我が子専属の言動捜査官兼常識礼儀指導教官のような存在だ。子どもたちの躾において重要な任務を担っていた彼女たちが各家庭に配属されていたので、子育ての状況は今と全く違っていた。

■昭和の専業主婦という名の我が子専属の言動捜査官兼常識礼儀指導教官

子どもたちが学校へ行っている間、奥様方はよく井戸端会議をしていた。ただの世間話のように見えて、子どもたちの躾に関わる重要な情報交換もしていた。

昭専（昭和の専業主婦）**一**「あら、奥さん」
昭専二「まあ、どうもー」

昭和の奥様方は立ち話もいきなり本題に入るわけにはいかない。今後の近所付き合いにだって大きく関わってくる。アイドリングトーク四〇分……。

そろそろ子どもが学校から帰ってくる。夕飯の支度も控えているし、そろそろ本題に入りたいところ。

昭専一「そういえば最近、よくそちらにうちの子がお邪魔しているみたいで、いつもすみません」

昭専二「いえいえ。こちらこそ」

昭専一「先日もおやつご馳走になったみたいで。ありがとうございます。うちの子ご迷惑おかけしてませんか？」

昭専二「迷惑だなんてそんな。こちらこそご迷惑おかけしてるんじゃないかっていつも心配してるんですよ。おたくの翔太くん、お利口さんでうらやましいですわ。おほほほほ」

昭専一「そんなことないですよ。そちらの誠くんは本当に礼儀正しくていつも感心してますのよ。おほほほほ」

昭専二「とんでもないです。うちでは口が悪くって、いつも口酸っぱく注意してるんですけどなかなかね」

昭専一「うちも同じよー。口は悪いし嘘ばっかりつくんですよもう！　本当に困ってるんです」

昭専二「あら、全然想像つかないわ。あ、でもそういえば」

昭専一「やっぱり！　何かご迷惑おかけしてるんでしょ？　うちの子が」
昭専二「いや、迷惑ってほどじゃ」
昭専一「遠慮なさらないでおっしゃって。何か困ったことしでかしてるんでしょ？　うちの子がごめんなさいね。よかったら、ね、本当に。教えてくださらない？」
昭専二「そう？　いや大したことじゃないのよ。ただね、おやつのクッキーとジュースを出そうと思って準備してたら、何かちょうだいって自分から言うもんだから」
昭専一「まあ！　そんな図々しいこと言ったんですかうちの子は！　本当に信じられない！　うちでよく言って聞かせますので。本当にごめんなさいね」
昭専二「いや、そんな大したことじゃないわよ。奥さんが教えてって言うから一応言っただけで。子どももなんだしそんなことくらいでね。なんだかこっちこそごめんなさいね」
……。

昭和の親子会話。

「ちょっと翔太。ここにきて座りなさい」

「え。何で？　何かしたっけ？」

「いいから来なさいって言ってんの！」

「……はい」

「あんたこの前、誠くんちで何やった？」

「え？　絶対何も悪いことしてないよ」

「絶対？　絶対っていうのはね、完璧に自分の行動全てを覚えていて初めて使える言葉だよ？　本当に絶対？」

「いや、多分……してない」

「そんなわけないでしょ。よーく思い出してごらん！　思い出すまでずっと正座だよ！」

二〇分経過。

(逃げ切ろうと思ったけどお母さん本気みたいだな、全然覚えてないけど適当に言ってみよう)

「お母さーん！　なんとなく思い出してきたー！」

「ちょっと待って！　手洗ったらすぐ行くからね！」

バタバタバタバタバタ。

「よいしょと。さあ話してごらん」

「えっと、靴並べたけどちょっとだけずれてたのかも」

「そんなことだろうと思ったまったく。並べること自体忘れてたんじゃないの？　それ以外にもあるんだよ」

「えー。じゃあ、お邪魔しますって言う声が小さすぎたのかな？」

「あんたは！　本当に礼儀がなってないね！　どうせ言ってないんでしょ。そんなだから廊下に立たされるんだよ！　他には一体なにしたの！」

「あ、わかった！　ゲームの取り合いになったときに、誠をちょっと押したかな？」

「本当にどうしようもない子だね！　あんたが押すだけで済むはずがないね。この前みたいにバカって言ったり蹴ったりして泣かしたんじゃないの？　暴力を振るう子は警察に捕まえてもらうよ！　しかもあんた自分からまんじゅうかお茶かなんかの催促したんでしょ！　そのことを怒ろうと思ったのに次から次へとあんたは本当にもういい加減にしな！　大体あんたは普段からねー……」

……三〇分経過。

「そうだ。あんたはお腹の中でもお母さんをずっと蹴ってたし、すごく難産で出てくるまでにものすごく時間かかってね、生まれてからも夜泣きがひどくて、毎日毎日抱っこしてあやして大変だったんだよ！　寝顔だけは可愛かったけどね！　それからね々々々々」

（昭和の子供の心中）（とうとう僕が生まれる前までさかのぼって説教し始めた。お母さんてすぐ僕が覚えてないことまで引っ張り出してお説教してくるんだよな。口答えすると長くなるからしないけどさ。本当に理不尽だよ。口をへの字にして反省してる顔だけしておこう。ドラぼくえもん見たいけど間に合うかな）

さらに三〇分経過。

「まあ、そういう訳であんたは橋の下から拾って来たんだよ。人様の迷惑にならないようにちゃんとしないと、次同じことをやったらまたお母さんのお腹の中に戻すからね！」

（昭和の子供の心中）（橋の下から拾ったのが本当ならお母さんのお腹の中に戻す、じゃなくて入れるでしょ。戻すだと、本当はお母さんのお腹の中に入ってたって言ってるようなもんじゃん。てことはやっぱり僕は橋の下じゃなく正真正銘お母さんのお腹に入っていたんだな。よかったよかった。でもお母さんていつも嘘つくんだよな。この前は口から生まれてきたからとんでもなくうるさくて生意気な子だって言ってたくせに。まあこれを言うと説教が長く続くだけじゃなくてゲンコツがとんでくる可能性が高いから言わないでお

こう。反省した顔のままにしていれば、僕の予想ではもうそろそろ終わるはず）

こうして子どもは母親の長い説教を聞くことで他のことを考えながらも同時進行で静かに人の話を聞く力を身につけ、長文読解力を鍛えつつ、筋が通っているか、矛盾点はどこか、などを見抜く力も養われていた。理不尽だと感じながらもそのお説教の中から愛情を感じる時間がたっぷりあったので、子どもが親に反撃を仕掛けることも少なかった。隣のトットロの勘ちゃんが母親から理不尽に決めつけられてゲンコツされても反撃しなかったのは、風邪ひいちゃうでしょ？　という愛情を受け取っていたからだろうと私は思う。

「よし。反省したらもう二度としないようにしないと承知しないからね！　最後に一つだけ聞くけど、まさかあんた、人様の家の冷蔵庫を勝手に開けながら催促したんじゃあないだろうね？」

「あ」

そしてまた長い説教が始まる。

（昭和の子供の心中）（さっきの反応の仕方は完全に僕の失敗だ。反省した顔のまま「それは絶対にしてないから信じてください！」って言えばよかったんだ。あー、足がしびれてきた。今度から絶対に人んちの冷蔵庫は開けないようにしよう。やったかどうか全く覚えてないけど今度からは玄関の靴もちゃんと並べて「お邪魔します」も大きな声で言おう。誠に土手カボチャと言ってなぐって泣かしたり、ゲームとおやつの煎餅と緑茶を奪って独り占めしたりするのは絶対にやめておこう。宿題を写させてもらったことだけは見破られなくてよかったな。また写させてもらおう）

「ふー。今日のところはこのくらいにしとくけど、口をへの字にして反省した顔だけしたって全く意味ないんだからね！　今日言われたことを明日から直すんだよ。わかったね。じゃあ急いで宿題をしな」

「あ、それはもう誠んちで」

「あんた、まさか写させてもらったんじゃあないだろうね？」

「それは絶対にしてないから信じてください！」

「そう？　じゃ、さっさと明日の予定を確認して学校の支度をしなさい。一〇回くらい確認して、忘れ物しないようにするんだよ。あんたこの前筆箱忘れて廊下に立たされたでしょ。忘れ物ばっかりしていたら今度はバケツを持たされるよ。明日から学校ではさっきお母さんが言ったようにもっと礼儀正しくすること！　いいね？　さ、もうすぐご飯だよ」

「はーい」


こうして親のほうも、時間をかけて丁寧に子どもの言い訳を聞きながら、かわいい我が子であってても嘘をつくしごまかしもするし悪さをするということをゆっくり少しずつ体験することができていた。

「お母さんは背中にも目がついてるんだからね」

「見てない時でもあんたがやることは全部お見通しなんだよ」

とハッタリをかましたり、

「どうせ◯◯したんでしょ」

「決めつけるなって顔に書いてあるけど、あんたの日頃の行いが悪いから疑われても仕方がないんだよ！」

とカマをかけたりしながら、時間をたっぷりかけて話を聞いても真実はなかなか明らかにならないということを、日々の生活の中で感じることができた。

子どもも大人も嘘をつく。自分を守るために備わった生きる力だ。バブル時代のようなお金を全家庭にばら撒かない限り、令和の親たちに、昭和の言動捜査官兼常識礼儀指導教官と同じ躾をやれと求めるのは酷ではないか？　与えられた時間が違いすぎる。

第三章　子どもと学校、教師たち

■学校での「死ね」「消えろ」「殺す」を0（ゼロ）に

独「元気だった？」

親「まあぼちぼちね」

独「大丈夫ー？　前回会った時かなり悩んでて病んでたじゃん」

親「そうだっけ？　日々生活に追われて病んでるから、どの悩みのことかわからんよ」

独「はるとくんがゲーム三昧で言葉遣いが悪いとかで悩んでたでしょ」

親「あーあれね。ゲーム問題では本当に真剣に格闘したよ。私も子どもも大泣きでさ。今でも相変わらず死ねとかいうけど、自分ですぐまずいこと言ったって気づくようになったし。回数もだいぶ減ったからさ」

独「え？　言葉遣い注意するだけで何で大泣き？　まったく想像つかないんだけど。てか何話したかはあんま覚えてないけど、八方塞がりでなす術なしだった気がする。結局先生に相談したんだっけ？」

親「いやいや、やっぱモンペって思われたくなくて我が子の学校には電話できなかったから、きょうちん（「元」）に電話して相談してみたんだよね」

独「あーそうだったの。きょうちん元気そうだった？　全然会ってないけど」
親「元気だったよ。人を傷つける言葉は放置すると悪化して絶対後悔するからって、かなり厳しめの方法教えてくれてさ。さすがに二年生には厳し過ぎでしょって思ったから全く同じ方法は無理だったんだけどね」
独「そっか。さすがベテラン教師って感じだね。しかも今日は珍しくきょうちん来れるんでしょ？」
親「そうそうかなり久しぶりだよね。お礼も言えるわ」
　そこへ、
元「久しぶりー」
親独「わーきょうちん久しぶりー」
元「え？　おやりん（「親」）とドッキー（「独」）早くない？　私早めに来たのに」
親「うわー懐かしーその呼び方！　ホント久しぶりに会った感じせんわ。前集まった時はそれぞれ大学生だったのにね」
独「ホントなつかしー。元気そうでよかった。ここWi-Fi飛んでるからちょっとだけ仕事の確認しようと思って早く来たらおやりんいてさ」

親「私は旦那とケンカしたから居心地悪くて早めに出てきたんだよね」
元「なるほど。何でケンカしたん？」
親「なんだっけ？　最初は家事分担を普通に見直してたんだけど、お互いに自分の方が忙しいっていうアピール大会になってさ」
元「あるあるだね」
独「あるあるなんだ。外注すればいいのに」
親「そりゃドッキーみたいに高収入ならね」
元「確かに」
親「いや学校の先生だってまあまあもらってるでしょ。まあドッキーほどじゃないだろうけどさ」
独「いやいやきょうちんの旦那さん中学校の先生でしょ？　フルタイム二馬力じゃん。羨ましいよー」
親「てか息子のことで急に電話してごめんね。ありがとう」
元「ううん大丈夫。むしろ会う時間作れなくてごめんね。おやりん真剣に悩んでたのに電話でしか話せなくて」

独「ねーねー、どうやって死ねとか言うのやめさせたの？　気になるー。おやりんも子どもも大泣きだったらしいけど全くイメージできん」

親「いやー、かくかくしかじかでさ……」

と歴史的バトルを報告。

独「へえー、想像と全然違った。めっちゃ過激じゃん。厳しすぎじゃない？」

親「いや、そうでもしないと本当に暴言やめないんだって。子どものゲームへの執着心なめたらいかんよ」

元「ゲーム面白いらしいもんね。大人でもハマるんだから仕方ないよ。お役に立てたなら本当によかった」

独「でもきょうちんのやり方の方がかなり厳しかったんでしょ？　どうやんの？」

元「えー恥ずかしいからいいよ。長くなるし」

親「いやいやお願い、もう一回言って。本当にドッキーにも聞いてほしい。マジでこわいけん」

独「えーますます聞きたいわ。言ってみて」

元「やだよ恥ずかしい」
独「私だけ知らないなんて不公平じゃん、教えてよー」
元「えー。……じゃあ恥ずかしいから目つぶって言っていい？」
独「そんなの好きにしていいからさ。はやくはやく！　さあほら！」
元「じゃあ、言うね。もう一回念押すけど、長いよ。

（きょうちんの指導を再現）
……あなたが今言った、死ね、殺す、消えろという言葉の意味を考えなさい。それは「息をするな、心臓を止めてやる、燃えて身体がなくなれ」という意味です。死んだら心臓が止まって、何も感じなくなって燃やされて、一部は消えてなくなるけど、骨が残ります。時間がいっぱい経ったら骨も消えるかもしれません。あなたが今自分で使った言葉の意味が分からないなら、これから先生を殺して燃やしてみますか？　死んで燃えたらどんな風に消えていくのか実際に見て勉強しますか？　先生はあなたのことが大切だし、これからも会って話したいから死にたくはないけれど、死ぬところを見ないと死ねという言葉の意味がわからないんだったら仕方ありません。先生が消えた後で、あんな言葉を言わなければよかったともしあなたが感じたら、次から絶対にその言葉は言わないでほしい。相手を傷つける言葉です。本当にその言葉で死んだ人がいます。死んでから後悔しても命は戻りません。自分が言った言葉で簡単に人が死ぬということと、人を殺したらどんな罰を受けるのかということ。それから、あなたのことを大切に想っているおうちの人や周りの人がどれだけ悲しんで苦しめられるかということも、先生を消した後でこれから学びなさい。やり方が分からないなら教えてあげます。やり方は分かりますか。

独「……こっわ！」
親「でしょ？　マジでこわすぎる。これを小二にやれって言うんだよ。今考えるとウケるよね」
独「てかよくそんなスラスラと出てくるね」
元「死ねって誰かが言うたびに指導してたからね。クセになってる子はすぐに死ねって言うからさ」
独「いや、でもさすがに厳しすぎでしょ。そんな言い方したら親からクレーム来ない？その子何年生だったの？」

元「厳しすぎるとかこわすぎるっていう意見は何回も聞いたよ。でも正しい言葉遣いを身につけさせるために、一年生から六年生まで全学年の子に言ってたね。言い方は相手によって多少変えるけど、クラスで全体指導したこともあるし。すでに学級崩壊してて死ねとかそういう言葉がいっぱい飛び交ってるクラスの担任になった四月初日とかだったら子どもたちの妨害で私の声が届かないから、黒板に書くって方法も使ってた」

独「小一でもその指導か。正直こわすぎる。普段のきょうちんの雰囲気とのギャップにもびっくり。声もめっちゃ低くてビビったわ」

元「ごめんごめん。だけどそこまで言わないと言葉遣いよくならないからさ。死ね、殺す、消えろの類は0（ゼロ）にしないとすぐまた増えるし」

独「いや、そんだけ恐怖与えたら普通やめるでしょ」

元「これでやめてくれる子も多いけど、0（ゼロ）にはなかなかならないね。ずっと全員の横について回って見守るのは無理だし。そもそも暴れて叫びまくってて私の話が聞こえてない子とかには全く伝わってないからね。本当に首絞めてくることだって何回かあったし。私も自分で死ぬところ見てみますかって言ったくせに実際首絞められたら正直あせるよ。ウケるよね」

親「全然笑えないんだけど。でも実際うちの子も、親バカだけど割と素直な子なのに死ねって言葉が０（ゼロ）にはなってないから想像はつく」

元「０（ゼロ）にするのは本当に難しいよね。しかもこの方法、妊娠してる先生とか子どもがいる先生には使えない方法なんだよね」

親「そりゃそうでしょ。危ないじゃん」

元「いや、危なくなくてもこの指導は使えないよ。『先生死んだら先生の大事な子どもが困るけどいいんだね？　かわいそー』とか逆に言われて終わりだもん」

独「そんなひねくれた子もいるの？　壮絶。二人の話聞いてると、本当に想像をはるかに超えて難しいみたいだね。たかが言葉遣い、されど言葉遣いって感じ。まーちょっとくらいなら見過ごさないと仕方ないってことじゃない？　二人とも真剣に０（ゼロ）を目指した上で無理だってわかってんだからさ。気を楽にしないと病むよ。がんばりすぎだよ」

親「確かに現実ではほぼ無理なんだけど、やっぱり０（ゼロ）を目指したいよね」

元「そうだね」

独「いや、今二人とも０（ゼロ）にはならないって言ってたじゃん。その舌の根も乾かぬうちにそんな理想論言ったってさ」

元「だってさ、一人一回だとしても、三〇人のクラスだったら三〇回誰かが誰かを傷つけてることになるんだよ。それが一人の子に集中してたとしたら、その子は二九回死ね、殺す、消えろって言われることになるし、０（ゼロ）と一は全然違うよ」

親「そうだよ！　我が子がそんな目に遭うかもしれないって思ったらさ、無理だってわかってても何とかしたいよ！」

独「だって、そんなこと言っても無理なんだから仕方ないじゃん。理想はもちろん０（ゼロ）だけど、コロナだって、あんなに０（ゼロ）目指したのに無理だったじゃん。私にそんな怒ってこないでよ」

親・元「……」

親「ごめん。我が子のことを思うとついね」

元「そう。被害者側のこと思うとつい熱くなっちゃうんだよね」

独「なんか、悲しいね」

親「悲しいね。どうにかならないのかな」

元「……」

■虐待を受ける子どもを0（ゼロ）に

親「でもさ、先生がそんな大事な話してるときに暴言吐いたり暴れたりして聞かない子とか何なんだろうね。授業中とかも含めてさ」
元「んー。いろんな場合が考えられるから原因は一人ひとり違うと思うけど、原因の一つは十分な愛情を受けて育った子ばっかりじゃないからかもね。暴力でしか気持ちを表現できない子だっているし」
独「そっかそうだよね。おやりんとこのはるとくんみたいに愛情受けて育った子でさえ言葉の大切さを伝えるの難しいんだから、愛情を受けずに暴言ばっかりあびせられて育って、自分なんか大切じゃないんだって思ってる子だったらもっと伝わりにくいんだろうね。虐待とかでニュースになるのって氷山の一角だろうし」
親「そっか。子どもだって暴れたくて暴れてるんじゃないんだよねきっと。そんな時はどうすんの？」
元「私だったら手紙に書いて渡すかな。手紙のときは死ねという言葉の恐ろしさよりも、一人ひとりが大切なかけがえのない存在で、あなたも隣にいる友たちも同じように大切な存在だから、言葉で傷つけ合ってほしくないんだってことを強調することが多いかも。本来伝えたいのはそこだからね。手紙も目の前では破ったりぐしゃぐしゃにしたりはするけど、意外と文字にすると読んでくれて伝わる可能性が上がるんだよね。予備も用意しておいてどうにか忍ばせることが多かったかな。それも愛情受けてない子には届かないことも多いんだけどさ。自分のこと大切ってなかなか思えないんだと思う」

親「そりゃそうだよ。もし虐待とか受けてたら自分がかけがえのない存在だって思えるわけないし。しかも虐待とかするような親にその手紙見られたらやばくない？」

元「保護者の方と話してみて、その危険性が少しでもあれば手紙を渡す方法も使えないね」

独「虐待する親にはもちろん見せられないけど、そうでなくても紙に残すとクレーム入りやすそう。私とおやりんだって最初はかなり厳しすぎって思ったし」

元「そうなんだよね。保護者の方からの疑問全てに電話対応する時間もないし、でも死ね発言を放置もできないし、虐待の疑いがある子もなんとか証拠掴んで救いたいし、どうすればいいのか答えがでないまま今日が終わってしまって毎日が進んでいくって感じで、睡眠時間削っても一日二四時間じゃ間に合わないっていつも思ってた」

親「……きょうちん全然会えないと思ったらそんな生活送ってたの？　全然知らなかった

よ」

独「ホントだよ。絶対身体壊すって」

元「……」

独「……でもさ。そもそもなんだけど、そういうケースって学校で先生が対応することが適切なのかな？　子どものために関わった方がいいのは分かるよ。でもそれって綺麗事じゃない？　虐待だって０（ゼロ）になることが理想だけどならないし、全員救いたいけどそれも無理じゃん。悲しいけどさ」

親「そうそう。学校には他の子たちだっているんだし、クラスみんなが学校生活を安全に送っていくことだって大事なんだからさ。暴れる子は児相とかに保護してもらって任せた方が本人にとっても先生にとってもいいと思う」

元「んーでも児相に相談してる子とかも学校には通って来てるからね」

独「……」

親「……辛い思いしてる子が目の前にいてほっとけないのはわかるけど、先生には子どもたちに平等に関わってほしい。その子ばかりに時間をさいてたら他の子との関わりは当然薄くなるよね。児相に任せて気を楽にしなよ。そこに時間かけて対応してたら授業どころじゃないだろうし」

独「ホントだ。今まで話しててきょうちんの口から授業の話全然出てこないじゃん」

元「……」

独「子どもたちのために何とかしたいのはわかるけど、そういうことまで自分で何とかしようとしてると本当に身体壊すよ？　抱え込んでも解決は無理だよ。誰の命令でもないのに勝手に首突っ込んで病むまで働くべきじゃないと思う。厳しい言い方かもしれないけど、自分で勝手に仕事増やすなんて民間じゃ通用しないよ。なんで児相が介入しなきゃいけないレベルの案件に積極的に関わるの？」

元「……なんで積極的に関わるのかなんて考えたこともなかったよ。例えばだけど、家でご飯もらってなくて布団で寝てないAと、ご飯も布団も同じように無しでそれプラス暴力振るわれてる可能性があるBがいたらB優先じゃん？」

独「まず、そのレベルのことが一校で起きてるんだ。想像より多いね」

元「いや証拠なくて疑いの段階だからもっと多い学校も普通にあると思う。一〇年で三校に勤めたけど三校とも複数の案件で児相と連携してたし」

独「そんなに多いんだ」

元「でも児相に匿名で通報してくれる人が増えたことは絶対にいいこと。それで救われた命もあるはずだし。学校からも疑いの段階で通報してた。少なくとも私が勤めた学校ではね」
親「確かに私の友達も子どもの喧嘩の仲裁で大声で叱ってたら児相来たって言ってた」
元「そうそう。虐待じゃない場合が多いかもしれないけど、それは分からないからね」
親「どんな親？」
元「普通に人当たりいい親だったりするよ。他の保護者ともにこやかに付き合うし」
独「外面良いパターンか。子どもは地獄だね」
元「そうだよね。そんで、児相も当然緊急性ある事案から関わるから人員と時間が確保できん場合優先順位低いAは後回しになるんだよね」
親「両方とも緊急性ありそうなのにね」
元「出来るなら両方やるべきなんだろうけど。人員と時間の問題だよ。極端な話だけど、一〇〇件の虐待疑いのある案件に児相の職員一人で毎日家庭訪問するのは無理でしょ？」
独「なんか警察がストーカー被害の対応が間に合わないのと似てるね。訴えは増えてるだろうけど、全員を護衛する人員は足りないだろうし、どれが殺人に発展するかなんてわからないもんね」

元「そうだね似てるかも。優先順位があるのは学校も一緒なんだけど、後回しにしたAとは児相も警察もまだ顔合わせてすらないじゃん？　でも教員は毎日学校で顔見てるし話もしてるからやっぱ何とかしたいって思うよね。髪が匂ってきたなとか、給食のがっつき方が気になるなとか、自分で転んだって言ってるけど小さいアザが新しくできてるなとかさ。昨日寝たはずの布団やベットの色や柄を即答できるかとか、夕飯を割り箸で食べる回数が多すぎないかとかも気にしてた。親を守ろうとして警戒されたり他の子に気づかれたりしないようにさりげなく会話しながらだけど」

独「そんなことまでやってんだ」

親「辛いね。そういう子が学校で暴れたりしてるの？」

元「暴力で表現する子もいるけど他の子と同じような学校生活を送る子もいるよ。その子にとって学校は安全な居場所だからかもね。暴れたとしてもたくさんそういう子見てきてるから、この子本人が一番困ってるんだって思うよ。噛まれたり鉛筆刺されたりして腹立つこともあったけど反撃しても解決せんし」

独「……私は噛まれたり刺されたりしたらいくら寂しさ抱えた子でも許せないかも。所詮他人の子だし。そこまで自己犠牲的にはなれないよ」

親「きょうちんだけじゃなくて周りの子だって危ないじゃん」

元「うん。私もなんでかわからないし偽善者って言われることも多いから管理職とか同僚とかその子の親に報告すべきとき以外は誰にも話したことなかった。守秘義務もあるし。でもその子が愛情受けて育ったらどんな子だったのかなーって本当の姿を見てみたいって思うよ。おやりんとドッキーだって目の前にしたら同じ感情になると思う。真夏の車内に閉じ込められた子目の前にしたら救いたいって思うじゃん。それと同じ感覚だよ」

親「……きょうちん、無理はしないでほしいけど……きょうちんがうちの子の担任だったらよかったな」

独「ほんとほんと。私も万が一結婚して高齢出産することあったらきょうちんに頼むわ」

元「……いや、私保護者から『お前無能だからみんなに嫌われてるし教師やめてください』って言われたことあるような担任だったよ。指導力不足のハズレ担任って陰口言われてたのも何回か聞いたこともあるし。あと、ごめんね。言ってなかったことがあるんだけど……」

親「ん？　どした？」

独「なんかあった？」

元「……ごめん。隠すつもりはなかったんだけど、私教員辞めたんだよね。ごめん。言い出しにくくて」

■病んで辞めた教員の実像

親・独「……え？」

親「だって教員になるために、めっちゃ勉強がんばってたよね」

独「……」

親「採用試験受かった時もすごく嬉しそうだったのに」

元「……まー、いろいろあってね」

独「……そっか」

元「あーなんかごめんごめん。変なこと言って。流れ的に、もう隠してもしょうがないかなーとか思って。言うタイミングも探してたんだけど逃しちゃってて、ごめんね」

親「いやこっちこそ。……でもうちの子の学校も去年病休の先生二人出てたみたい。噂ではうつ病って話だったから、きょうちんは大丈夫？　言いたくないならいいけど」

元「もう大丈夫大丈夫！　ありがとね。辞めて一年以上経ってるし。私は現役中は鬱ってはっきりは診断出なかったんだよね。不安症とか適応障害って最初言われて、パニック障害もあるって感じだったかな？　最初病院に運ばれたときは睡眠足りてないし眠りも浅いとかで一か月以上入院が必要って言われたんだけど、担任替われる人いなくて年度途中だったから入院は拒否してさ。それで通院で大丈夫な病院に替えて担任続けてたからひどくなっちゃって。バカだよね」

親「……きょうちん」

独「入院すればよかったのに」

元「校長は入院していいって言ってくれてたのに、ほんと自業自得。その年の三月終わりで辞めてからすぐ、丸二日間目を覚まさなかったらしい。家族はやっぱり鬱でしょうって担当医に言われたらしくてね。なんかね。その頃の記憶はなんか知らんけど消えちゃってるんだよね」

独「きょうちん……。よく笑って話せるね」

親「……おばちゃん（きょうちんの母親）心配したでしょ」

元「いや、私も記憶ないから分かんないんだけど、後から聞いたらお母さんその二日間このまま目覚まさんで死ぬのかと思ってかなり心配してくれたらしい。うっすらしか思い出せないけど、その頃立ち上がれなかったらしくて、私お母さんにオムツ替えてもらってたんだよ。ホント申し訳ない。今考えたら恥ずいよね！　その後だいぶ回復してからの記憶はあるんだけど、ケータイ鳴ったら過呼吸になったり叫んだりしちゃってたし、自殺方法とかも調べちゃうからスマホも隠されちゃって、刃物とかヒモ類も私の目につかないどっかに置かれてたんだよね。ブラインドのヒモみたいなものでさえガムテープでぐるぐる巻きにされててさ。ホント世話のやける娘だよね！　夜だけ外に出れるようになって、お父さんとお母さんと田んぼ道に散歩行く時もさ、三〇メートルくらい先で踏切がなり始めたとき二人とも神経尖らせて張り詰めてた。私に悟られないように話しかけながらさりげなくそっちに私が走り出さないように阻止してくれてたんだよね。まあまだ全然走れる状態じゃなかったんだけどさ。『生きてるだけで迷惑だから死にたいけど、そしたらお母さん悲しむのわかるから、最初から存在しなかったことにしてくれん？』とか残酷なことを言ってしまったときも、お母さん、『お母さんのおなかに戻すには大きくなりすぎちゃったもんね。迷惑かけたくないって思ってくれてるなら、とりあえずまだ今日は死なん方がいいんじゃない？　夜ご飯あんたの好きなハンバーグだし。玉ねぎ炒めたバージョンだし。お母さんの葬式にも出てもらわんと困るしさ。あんたのお葬式するのもお母さん涙が止まらんで大変そうだもん』って言ってくれたんだよね」

親「……きょうちん……」

独「……っもー！　でも笑って話せるくらいに回復してよかったよ！」

元「そうそうもう大丈夫！　まーその後はいろいろあったんだけど、ホントお母さんとお父さんにつないでもらった命だからさ。大事に生きたいよ。今は薬もだいぶ減ったしちゃんと飲んでれば眠れるし、ホントに大丈夫」

親「……聞いてごめんね」

元「なんでなんであやまらんでいいって！　二人なら話せるよ大丈夫！　てか、こんな話聞いてくれてありがとね」

親「いや、こっちこそ話してくれてありがとう」

独「よかったよかった」

元「うん。もう元気だよ。ほんとありがと二人とも。そんな顔せんで？　気ー使わんで何でも聞いてもらって大丈夫だからホント」

親「うんうん」

独「わかったわかった」

■きょうちんが教員を目指したきっかけと、言葉の指導の難しさ

――以下、きょうちんが語った自叙伝です。

小四の時のあだ名は「■うんこ」。■は私のイニシャルだ。ちょうどローマ字を習った頃だったからそれが使われたようだ。このあだ名になった理由は諸説あるが、人によってさまざまで特定できない。

中一になってからのあだ名は「男女（おとこおんな）」と「残りカス」。これも理由は諸説あり、胸が小さくて男か女か分からないからというのと、姉が美人だったため母の子宮内のいい成分をすべて姉に取られて残りカスを引き受けて生まれてきたからというのが定

説だった。当時はつらかったが、大人になった今ではなかなか考えられたあだ名だなと思い、話のネタにしている。

そして中二の時、担任の先生から、

「生徒会長に立候補したら給食エプロンを水曜まで忘れた罪を許してやろう」

と言われ、私は女子からの絶大な支持を受けて次期生徒会長に選ばれた。たぶん私の存在が、容姿に悩む思春期の女子たちに勇気を与えていたのだと思う。私が自分の容姿のことを自虐していると、

「……いいじゃん。告白されたとき、性格で選んでくれたってすぐに分かるし」

というわけのわからない悲しい励ましをしてくれた巨乳女子や芸能人レベルの美少女もいた。彼女たちを責めるつもりはない。他に励ましようがなかったのだろう。告白されたことなんて一度もなかったけどね。

「女子だけじゃなくて男子からの投票も多かったんだから自分を卑下すんな！　被害妄想が酷すぎるぞ！　立候補演説をみんなが聞いて、お前の人柄が票を集めたんだ。自信持て」

と励ましてくれた先生もいたけど、人柄じゃなくて一度でいいから容姿を褒められてみ

たかった。もちろん先生のことも恨んでいない。だって他に励ましようがないんだからさ。

生徒会長になると、あらゆる集会で生徒会長挨拶を無茶振りされた。たいてい事前に各委員会の先生から知らせが来るが、うっかりは誰にでもある。そんな時はアドリブで何か喋るしかない。当時は全学年八クラス以上。すごい人数の前でその場で思いついたことをできる限り体裁を整えつつ適当に話す。ウケを狙って思いっきりすべり、大恥をかいたことも当然ある。しかもこの失敗で傷心の私は先生から呼び出されて叱られた。事前に考える時間が欲しかったと訴えたかったけれど、お説教が伸びるだけなので黙っていた。

そんなふうで、生徒会長になると必然的に注目を浴びることが増えた。朝練のためにジャージで登校し制服を忘れてしまった時は、制服を着た全校生徒の前で、ダサくて大きいゼッケンの付いた「みどジャー」（私の学年の緑のジャージ）姿を晒して生徒会長挨拶をした。その時も相当叱られた。

一度も話したことのない先生から、すれ違い様に、

「おいお前、口紅なんかするなよ、生徒会長がそれじゃ他に示しがつかんだろうが！」

と叱られたこともあった。口紅なんて塗っていなかったのだが、私のタラコ唇は代謝が上がると真っ赤になるから口紅を塗っているように見えたのだろう。タラコ唇について

は、今でこそ素敵な石原Sとみさんのおかげでふっくらした唇の良さが見直されているけれど、当時はマイナスに捉えている人が多かった。私が自らコンプレックスであるタラコ唇を目立たせるような真似をすることなんて絶対にない。

学校一怖いおっちゃんである生徒指導の脇T先生に捕まったときのこと。

「おい！　口紅とれ！」

「あの、口紅塗ってません」

「口答えするな！　このティッシュでこすれ！」

軽く小突かれて、仕方なくティッシュでこすると
「もっと強く！」

と叱られたので強くこすった。

「渡せ！」

と言われて先生に渡すと、ティッシュには血が滲んでいた。もちろん付けていない口紅なんかティッシュにも付いてない。先生は真剣に謝ってくれたけど、疑われたことがちょっとだけ悲しかった。

当時、今でいうカースト上位の女子たちが授業中に先生の目を盗んで色つきリップを塗

ることがじわじわと増えてきていたので、先生たちの取り締まりが厳しくなった時期だった。今では、子どもたちに集中して授業を受けさせるために仕方なかったのかもしれないとも思っている。

一応断っておくが、体罰は絶対に許されない。昔は体罰なんて当たり前だったとか、躾のなってない奴には必要だ、などという言い訳は通用しない。これが大前提。私だって理不尽に小突かれたし口から血が出た被害者なのだから、擁護するつもりはさらさらない。

ただ、体罰が当たり前にあった時代にこんなことがあった。

いつも授業中教室で暴れる男子をまた脇T先生がどこかに連れて行った。とりあえず授業は静かに進んで終わった。次の授業までの間、廊下で脇T先生とすれ違った。髪や服は乱れ、肩で息をしていた。体格のいい中学生の男子とおっちゃん先生、どっちが強かったのだろう。

「先生、あの人どうにかならないんですか?」

「詳しくは話せないけど、あいつも寂しいだけで根っからの悪いやつじゃない。お前よかったら話し相手になってやれんか」

「いや怖いです」

「そりゃそうか。授業始まるからもう行け」

暗くなるまで部活をして家に帰ると、母が夕食を作ってくれていた。

「なんか元気ないね。なんかあった？」

と聞かれたけれど、あだ名のことは心配させるから相談できないなと思って黙って自分の部屋にこもって泣いていた。

耳をすませてみればの涙のしずくちゃんだって、近所の奥さんと会話中の母親から声をかけられて完全にシカトこいている。きっとその後母親は、

「反抗期でごめんなさいね」

とかなんとか言ったのだろう。後で子育てに悩んで涙を流したかもしれない。

目が腫れてないのを手鏡で確認してから下に降りた。

「ねえお母さん、お父さんて今どこにいるの？」

と母に尋ねると母は悲しそうな顔をして、

「家族にもどこにいるか言えない仕事をしてるから、お母さんも分からないの。ごめんね」

と言われた。それ以上聞くと母が泣きそうな予感がしたのでそれ以上は聞かなかった。代わりに父に手紙を書いて母に渡した。

それからしばらく、父とは年に二度ほど会うくらいだったが、二十歳の誕生日にはメッセージが入った筒を持ったくまのPさんのぬいぐるみが届いた。「些細なことで腹を立てず、大らかに自信を持って生きなさい」と書かれていた。私は今でもこの言葉を大切にしている。

嫌なあだ名が流行った時期がある。「ブス」や「デブ」、「キモい」、「ウザい」等を含む発言は脇T先生を筆頭に先生たちが厳しく取り締まってくれていたので、思っていることと反対の言葉で相手を傷つけるあだ名が生まれたのだ。この私のあだ名でさえ、一瞬だけ「ちょべり美人」になった。これが一時期流行った「チョベリグ、チョベリバ」の原型ではないかと私は捉えている。知らんけど。気づいている先生もいたようだけど、取り締まりは難航しているようだった。多分だけど、

「本当にそう思って言っただけですけど、何か」

とか、

「こんな褒め言葉言っただけで呼び出してくるとか、先生こそあいつのことブスって思ってる証拠じゃないですか？」

とか言われていたんだと思う。

そんなある日、ある事件が起きた。英語の授業で最初に毎回やっている必修ではないけれど筆記体を覚えるための練習で、黒板に書かれた筆記体のアルファベットを読んでいくだけ。覚えるためにいくつかのアルファベットだけを一〇回繰り返すことも多かった。そんな中、

「もうわかったからさっさと次進んでくださいよ！」

と私は大声で叫んでしまったのだ。英語の先生も突然のことで動揺していた。今まで私が授業中に叫んだことなど一度もないからだ。

「あなたはもう覚えたかもしれないけれど、まだ覚えている途中の子もいるんだよ。自分勝手なことを言うのはやめなさい」

と叱られた。そりゃそうだ。授業を妨害した罪で私は脇T先生の取り調べを受けた。

「なんか理由あるんだろ。すまんけど時間ないから手短に話せ」

脇T先生はその後タバコを吸った子や、万引きした子の指導を控えていたと後から知っ

た。私は事の詳細を正直に話し始めた。

「はい、じゃあいつものやるよ」

「A、B、C、……M（えんむ）、……Z（筆記体）」

「先生Mが難しいでーす！」

うちのクラスにはMというあだ名の子がいた。毛深くて眉毛がつながっているからというのが定説。クスクス笑っているカースト上位層や、時間が早く過ぎることを願ってか無表情になっているクラスメイトたちが目についた。本人を見るのがこわかったけれど、やっぱり見てしまった。斜め左前方の遠い席で表情はよく見えないけれど、今にも泣きそうに思えた。

「そうね。えむって言いがちだけど、えんむだよ。一〇回繰り返すよ。さんはい」

「えんむ、えんむ、えんむ……」

まだ三回目。早く終われ。

クスクスクスクス。

嫌な笑い声が頭に響く。たった一〇回繰り返し終わるまでの時間が、永遠に続くように感じられた。

まだ六回目。まだ七回目……。

このままではみんなの前であの子が泣いてしまいそう。なんとかしたい。

「えんむ、えんむ……（クスクスクス。）マジウケる」

「もうわかったからさっさと次進んでくださいよ！」

こうして私は授業を妨害した。その瞬間、私の残りの学生生活は茨の道だと思った。カースト上位層に目をつけられたら終わりだから。

気がついたら泣いていた。脇T先生は、

「なんも心配すんな」

といって足早に去ろうとして振り返り、

「I村先生（英語の先生のこと）も何か訳があるはずって言ってたぞ」

と付け加えて、走るなといつも怒鳴ってくるくせに廊下を走っていった。もし映画なら素敵なシーンだが、実際はあだ名が残りカスだった私とおいちゃん先生なのでキラキラはしていなかった。

その後も私はあだ名に悩まされることはあったものの、比較的平和な学校生活を送っていた。脇T先生や他の先生方が何か対策をしてくれていたのだろうけれどそれは分からなかった。

そんな時、新たな事件が起きた。登校拒否（今でいう不登校）だった同じ部活の子Aが、久しぶりに学校に来たとき、私から「何で来たの？」と言われてまた学校に来れなくなってしまったということで、Aの担任の先生から指導を受けたのだ。身に覚えがないので否定したけれど信じてもらえず、ずっと睨まれ続けた。そのときは泣きながらお母さんに相談した。

「あんたのことを信じてる。人として恥ずかしいことをしていないなら堂々としていなさい。お母さんはあんたの味方だよ」

と言ってくれた。そして担任のN原先生が日も暮れてから突然家庭訪問に来てくれた。

「今職員会議であんたの話になって、誰とは言えないけどあんたが登校拒否の原因かも知れないって言う先生がおったけん、あの子はそんなことしませんって言ってから来たんよ」

「あー。Y先生じゃないですか？　いつも睨まれてます」

「あんた。知ってたの？」

「……はい」

「ごめんね。Y先生もAちゃん守りたくて必死なんよ。本当にごめんね」

「分かってます」


それからY先生から睨まれることは無くなったけど、私とある男子の相合傘が階段の踊り場にある掲示版に小さく書かれていた。生徒会長なんてやるとやたら目立ってこんなことまでされるのかとつらかった。その男子はあだ名が「ブサ男」だったけれど一瞬だけ「美男くん」に変わった子で、クラスの班長会議のときに押しつけ合いになっていることが多かった。

班長会議とは、班長が集まってクラスのみんなが静かに勉強できるように工夫して自分の班のメンバーを選んで行くというドラフトのようなものだ。先生の力を借りずに子どもたちだけでより良いクラスの関係を築くための自立を促す会議だったが、段々と仲のいい子をもらって気の合わなさそうな子を押し付け合うなんとも悲しい会議に成り下がっていた。

私は班長でもあったので、前回の班長会議でその男子のことを、

「話してみると面白いよ。みんなも一回でいいから話してみたらいいのに」

と言って同じ班になっていた。実際話してみると面白い人で、同じ班になってからはさらによく話していた。完全にそれが相合傘の原因だ。


それからはひどいものだった。先生のいない所でたびたびカースト上位に無理やりキスしろだのなんだの言われたり、どう考えても本人が書いたと思えないラブレターや不幸の手紙を机に入れられたり、すれ違い様に死ねと言われたり、ここで明かしたくないようなことも多々あった。あちこちにコソコソと「美男くん」と「ちょべり美人」の相合傘を書かれたり、元のあだ名に戻って「ブサ男」と「残りカス」の相合傘やいたずら書きをされたりし続けた。


たぶんやった方は自分の悪行の極みなど綺麗さっぱり忘れて、恋愛だの他者の悪口まみれの仲良しごっこだので美化された学生時代の思い出だけが心の中に大切に保管されているのだろう。その後時をへて、同窓会で平気な顔して、

「うわー会長久しぶりだね！　懐かしー」

と、笑顔で話しかけてくるのだから悔しさを通り越して笑ってしまうよ。そんなときは

心の中でそっとやっつけるけどさ。

　私が大好きなジャンケンポケベルの元祖さいとうさんと同じ気持ちで、私は一生許さない。彼らがイキって買った高級なおニューの革靴が天気予報のはずれで降った雨にさらされて濡れてしまいますようにとか、バリカタで頼んだラーメンが少しのびた状態で提供されますようにとか、愛車に毎日鳥のフンを落とされますようにと、些細な不幸が彼らに訪れることをときどき願っている。

　担任のN原先生が気づいてくれたときには、私はもはや悟りの境地に達していた。

「あんた、ずっとつらかったでしょ。本当にごめんね。気づかんでごめんね」

と言って泣いてくれた。

「いや、全然大丈夫です」

「それは嘘でしょ。嫌だったら嫌って言っていいんだよ」

「私が嫌がると[redacted]君（相合傘の相手の子）がもっと嫌な思いするから」

「あんたって人は。いい子やね」

「先生、たまには私の容姿を褒めて」

「わかったわかった。本当にあんたは美しい心だよ。人は見た目じゃないよ」

「いや、だから何回も言ってるじゃん。心はもういいから顔を褒めてよ」

「よしよし。相合傘の件、先生たちが何とかするからね」

「先生話逸らしましたね？」


こうしてきょうちんは教員になることを志す。と言っても彼女は小学校の卒業文集の将来の夢の作文で小学校の先生になりたいとすでに書いている。その後ドラマやＴＶ番組などの影響で弁護士、司法書士、ナース、お笑い芸人、刑事など、ころころと将来就きたい職業が変わっていたが、この時やっぱり中学校か小学校の教員になろうと決めたらしい。

■学校はなぜ未解決の子どもトラブルを0（ゼロ）にしないのか

親「……こんなこと聞くのあれだけどさ。辞めた原因てやっぱモンペだったん？」
独「ちょっとおやりん」
親「あ、ごめん。保護者側として聞いてみたくてさ」

元「いやいやありがと大丈夫よ。保護者の方には本当に恵まれてたよ。普通に私のクラスより保護者対応大変そうだった担任いっぱいいたし、理不尽なクレームも少ない方だったと思うよ。私が弱すぎたんだね」

独「けどその言い方からすると学校に電話かけてくる親結構多いんだ。毎日？」

元「うん。毎日あるけど多いのかな？　二〇〇人弱の子どもが通ってる小学校だったから普通じゃない？」

独「そっか。土日省いて年間一人一回だとしてもそうなるか」

親「私もなるべくかけないようには心がけてるけど、どうしてもの時はかけるから年に一回くらいはかけてるかも」

元「いや、しょうがないよ。いきなり怒鳴り散らす人なんて一部で、ほとんどが我が子のこと心配してかけてくださる内容だしさ。場合によっては毎日とか毎週電話かけてこられる方もいるんだから年一回とか全然気にせんでいいって。地域の方からとか、匿名の電話とかもあるし。共働きでお忙しいところとかはお父さんとお母さん両方から同じ内容でかかってくることもたまにあるし」

独「そんなかけてくんの？　やばくない？　他の仕事すすまんやん」

親「でも、よく考えたら私がきょうちんに電話かけたように、教員自身の子ども時代の友人とかからも相談されるんだから、それも合わせたらすごい数になりそう。なんかごめん、悪かったね」

独「ほんとだよ」

元「いや、いいって。おやりんから電話もらった時はもう私は辞めてたし。現役の時もそういうことは多々あったけど、内容聞くと仕方ないんだよね。みんな悩んでどうしようもなくて電話してくる感じだったし」

独「やっぱおやりんみたいにゲーム依存とか言葉遣いのこととかの相談が多いの？」

元「それはすごく増えた。でもそれ以外のほうが断然多い。例えばだけど、共働きの家で親が仕事でいない時間に友達を家に呼んでるんだけど、まあそこまでは中高学年だと当たり前じゃん？　それでゲームのソフトを取られたかもしれないんだけど複数人来てて誰か分からないから調べてほしいとか。自分の子が昼休みにほかの子から嫌なことされてるみたいなんだけど、誰から何されてるかは言わないし仕返しが怖いから何もしないでって子どもから言われてるから相談があったことは伏せて何か指導してほしいとか。登下校中に押されたり叩かれたりしてるみたいだけど、相手の親とはあいさつ程度の関係で言いにくいから穏便に解決してほしい、とかね」

独「うわー、そんないろんなこと学校で起きてるんだ。そりゃ親も心配するよね」

親「それ普通にうちの子の学校でもあり得そう。てか気づいてないだけで、今も起こってるのかも」

元「あと急激に増えたのはＳＮＳのトラブル。それと、よく考えないで子どもが児童ポルノ提供したとかされたとかね。今はもっと増えてると思う」

独「小学生だよね？　令和ってそんなことになってんの？　子どものためとはいえ、電話対応だけでも時間かかりそうなのに、窃盗とか暴行とか犯罪行為した疑いがある子の取り調べみたいなことまでしなきゃいけないんだ」

元「そうだね。まずは情報元が分からないように配慮しつつ全体指導して、もし加害者が名乗り出てくれたら両者の言い分を聞きつつ話し合わせる感じかな」

独「そっか。そうやって一つ一つ指導して解決してくれてんだね。果てしなく時間かかりそうだし大変そー」

親「でもさー。ちゃんと解決してくれない先生もいるよ。うちの子の担任とか、ケンカ両成敗とか言って、いつも無理矢理『ごめんね』『いいよ』だけお互い言わせて済ませようとするみたいだし。よく事情聞かずにすぐ警察に突き出そうとする教員だっているじゃん。警察がちゃんと調べたら真犯人が別にいたのに間違って通報してたりさ。犯人じゃなかった子が特定されちゃって拡散とかされたらそれこそ完全に名誉毀損じゃない？　きょうちんみたいにちゃんと丁寧に話聞いてくれる先生ばっかじゃないよ」

独「それはないわー。ちゃんと聞かないとどっちが悪いかすら分かんないこともあるのにケンカ両成敗とかすぐ警察に通報って雑すぎでしょ。どっちが先に原因をつくったのかも確認せずにそういう雑な対応してるからいじめに発展してくんだろうね。そんで隠蔽。ホントきょうちんの爪の垢煎じて飲ませたいね」

親「ホントよ。煎じて飲ませるどころか、むしろきょうちんの足の爪のくっさいとこそのまま飲ませたいわ」

独「いやくさいって決めつけるのはやめなよ」

親「大丈夫。あの美しい綾瀬ほるかさんだってそこはくさいはず」

元「あ、ありがとう。そこまで言ってくれて。けどごめんね、私もケンカ両成敗で終わらせることが多々あったし、それに丁寧に聞いたとしても解決できないことの方が圧倒的に多いんだよね。子どもたちとか保護者の方が全然納得してないのも重々分かってたんだけどさ」
親「えーそうなん？」
独「なんで？」
元「そもそもなんだけど、両方の話を丁寧に聞いたところで、どっちが加害者でどっちが被害者なのかすら分からないことが多いんだよね」
親「え？　そこの段階？」
元「そう。簡単に言えば、言った言わないの水掛け論、やったやらないの水掛け論になるんだよね。どっちが先にやったかも食い違うし、喧嘩両成敗でお互いに『ごめんね』『いいよ』を言わせて強制終了しないと永遠に終わらないことが多いんだよ。どっちが嘘を言ってるかなんてわからないし、決めつけもできないからさ」
独「うわーそりゃそうか、納得。どっちも自分が悪いとは認めないいんだ」
元「そうそう。真実が見えてこないんだよね。本当にやってないのかもしれないし、やったのかもしれないし。そこからして分からないんだよ。それとか、やったことは認めるけど、相手からはもっと酷いことされたとか。先に向こうがやったとか。いろいろ食い違うんだよね。日頃の様子から、どっちがより多く悪いか予想がつくことも正直あるよ。けど決めつけたらそれはそれで問題だからね。子どもだって自分守りたいし親だって我が子守りたいから必死だし、いつまでも意見が食い違い続けるんだよ」

独「なるほどそっか。両者に事実確認してから指導しようとしても、加害者が誰かわかんなかったり、事実がはっきりしなかったりするなら指導のしようがないね」

親「片方だけが一〇〇パーセント悪いってことばかりでもないだろうしね。丁寧に話聞いたところで事実は結局分かんなくて、結果的にケンカ両成敗になるのか。うわー先生ごめんなさい。あの先生テキトーに済ませてるって完全に誤解してた。うわー謝りたい。今から学校に電話していいかな？」

元「いやそれはやめとき。どこにかけるつもりか知らんけど、いくらうれしい謝罪電話でも休みの日にかけたらチリ積もで超過勤務が増えるか若い先生だったら着信音聞くだけでクレームかと思って心臓バクバクかもしれないし。心の中で思ってくれるだけで教師としては感謝だと思うよ」

独「けど窃盗とかはそうはいかんでしょ？」

元「加害者が分からない場合は、やっぱり全体指導で正直に名乗り出るように言うことが多いんだけど、みんなの前で名乗り出るなんてことはほぼないんだよね」

親「それも考えてみりゃ当たり前だよね。『みんな目をつぶって、先生しか見ないから、やった人は正直に手を挙げなさーい』とかで素直に名乗り出てくれるんならいいけど」
独「そんなのドラマか漫画の世界だけだろうね。きっと」
親「ほんとに腹立つわー。被害者いるのにね」
独「そんなんで正直に名乗り出る子はそもそも窃盗とか暴行なんてしないだろうしね。あ、じゃあ個別に聞いたらどう？」
親「あーそれならみんなの前よりはだいぶ名乗り出やすそうだよね」
元「一人ずつ個別に聞き取りしたり、こっそり先生に話してとか言ったりもするんだけど、時間がかなりかかるし、結局それやるのは校内だからさ。他の子にバレるのが怖くて、誰も名乗り出ないことがほとんどなんだよね。あと個室で一人ずつ話せばわいせつ行為を疑われるし、かといって同席できる手の空いてる教員なんてどこにもいないしさ」
独「うわー。女性の先生でもわいせつ疑われるの？　まー。今の時代そうなるか」
元「んー、そうだね。ほとんどの親はそんなこと言わないけど、言う人は０（ゼロ）にはならないね。だって本当にわいせつ行為する教員だって全然０（ゼロ）にならないんだから、保護者からしたら心配するのは当然のことだよ。０（ゼロ）になるのが理想なんだけどね。ならないんだよね」
親「何か悲しいね、それ」
元「そうなんよ。傷ついてる子のためにもなんとか事実を明らかにして指導したいんだけどね」
独「なんとかならんもんかね」
元「なんとかしたいけど、自分から名乗り出なきゃなんのおとがめもなし。逆に名乗り出たら、『正直に言えて偉かったね』って褒められたとしても、窃盗や暴行については当然指導される上に、もし周りの子にバレたら白い目で見られるから。親にも報告されて、悲しませたり叱られたりするじゃん。要するに正直に言った方が損するんだよ。そしたらやっぱ黙っとくよね。大人でもそういうことあるじゃん」
親「なるほどねー。やっぱり言えないか。そうなると犯人は分からずじまいで指導できないね。うわー。一人ずつ聞き取りしてもダメなら本当に解決策ないじゃん」
独「難しいね。大人の犯罪者でもそうなんだから、そりゃ簡単に認めないよね。怒られたくなくて言い訳したり嘘ついたりするよね」

誰がどんな悪いことをしたのかはっきりさせないとそもそも指導することはできない。それは当然だ。けれどそのために、誰が比較的多めに悪いかを明らかにしようと両者に話を聞くと、子どもは相手が自分より悪いと主張するために少し盛って話す。これも当然だ。大人だって親子喧嘩や夫婦喧嘩で多少なりとも「盛り」をやっている。私も当然やっている。そうすると意見が食い違う。それでいつまで経っても誰がどんな悪いことをしたのかはっきりせず無限ループに入る。

大人同士だったら、どっちも謝らないで無視し合うか、戦い続けるか、はたまた何が悪いかも分からないくせにとりあえず謝ってさらに相手を激怒させるか、両方謝って他で悪口を言って発散するか、自分で選ぶことができる。

けれど子どもたちにそれは許されない。無視はいじめと呼ばれる犯罪行為の兆候なので指導されるし、いつまでも戦い続ければ授業時間が削られる。何が悪いかも分からず謝れば親が心配するし、喧嘩両成敗で謝ってたまったストレス発散のために他で悪口を言えば、それはまたいじめと呼ばれる犯罪行為の兆候なので親から要求があれば指導が必要となるのだ。

元「被害にあった子が勇気を出して、誰に何されたか教えてくれることもあるよ。でも加害者と言われている当人がやってないって言った場合、嘘と決めつけるわけにはいかないし、話が食い違ってそれ以上話し合いが進まないってこともホント多い。しかも二人きりのときに暴言とか暴行の被害に遭ったとしたら、加害者からしたら先生にチクったのは被害者だってすぐわかっちゃうから、被害者の子は仕返しを恐れて相談することすらできないと思うんだよね」

親「泣き寝入りするしかなくなるんだ。あーもうどうしたら解決できるんだろ」

独「許せないし解決したいけど、具体的な方法が思いつかないね」

元「悔しいよね。でも反対に、実は最初に被害を訴えてきた子の自作自演で、相手を犯人に仕立て上げて陥れようとしてる可能性も考えられるから、相手が認めない以上最初に訴えてきた子だけの味方をするわけにもいかないんだよね。実際一年生の担任のとき、自作自演の現場を見つけて指導したこともあるし」

親「え。そんなこともあるの？」

独「しかも一年生で？」

元「あるある。靴とか筆箱の物隠しとか、飾ってる図工の作品を壊すとか、いつも本人が最初に見つけるから変だと思って意識して観察してたら、その子の自作自演だったってことがあったんだよね」

独「うわー、でも考えてみたらその可能性もあるんだから、犯人を決めつけたら冤罪を生むよね。なんでそんなことすんのか謎だけどさ」

元「自作自演の場合は、その子が抱えてる寂しさが原因ということも考えられるから、休み時間にたくさん声掛けしたり、保護者の負担にならない程度に親子の触れ合いを増やす方法を一緒に考えたりもするんだけどね。今、保護者も共働きが多くて忙しいから、なかなかね」

独「もー、なんか、言葉もないよ。名探偵コネンを一校につき一〇〇人ずつくらい通わせないと無理じゃん」

元「それいいね。でもそうなんよ。被害者と加害者すらはっきりしないまま解決せずに、子どもたちも当然納得できないまま昼休みが終わって掃除の時間になっちゃうんだよね」

■学校はなぜいじめの芽や犯罪行為を0（ゼロ）にしないのか

独「そっか、そういう話し合いって昼休みにやってんだ」

親「授業つぶしてやる訳にはいかんでしょー。関係ない子も多いのに」

独「そうだけどさ。てことは話し合いがある日は昼休憩0（ゼロ）じゃん。私なら午後がんばる気力が消えるわー」

親「確かにそれきついね。私とかいつも昼休憩だけを楽しみに午前中の仕事こなしてるよー」

元「というより現実には、子どもとの話し合いがない日はほぼないから、学校に子どもがいる日に昼休憩取れたことなんて一回もないよ」

独「は？　なんで？」

親「そりゃいくら何でも盛ってるでしょ。かなりやんちゃな子ですらそんな毎日トラブル起こさんよ？　一部のめちゃくちゃ荒れてる学校だけの話じゃない？」

独「そーそー。いわゆる教育困難校ってやつ。きょうちんが勤めた学校がそうだっただけで、それはかなり特殊な例でしょ？」

元「いや、比較的落ち着いた学校でもそうだと思う。だって、それまでの話し合いも意見が食い違って解決してないから、子どもが納得できなくて親から要望があればずっと翌日に持ち越されていくんよ。そうなると昼休みだけじゃなくて朝の時間とかとにかく授業以外の隙間時間を使って話し合いするんだけど、やっぱり意見が食い違い続ける限りいつまでも終わらない。それに時間が経つほど記憶も曖昧になって、さらに複雑に食い違ってきたりする。子どもが最初に言ってたことと全然違うこと言い始めることだってよくあるし。しかもそうしてるうちにまた違うトラブルが起こるからさ」

親「確かにエンドレスだね」

独「けどそんなにしつこい親ばっかりじゃないでしょ。こんなふうに指導したけど、相手は否定してて話が食い違うのでこれ以上は話し合いの時間を持てませんって言ったら納得しない？」

親「えー私だったら絶対納得しないよ。だって大事な我が子が物盗まれたり暴言とか暴行受けたりしてたとしたら絶対許せないよ。絶対認めさせて謝罪させたいよ」

独「そりゃ気持ちは分かるけどさ。きょうちんの話聞いてたら本当に無理ってわかるじゃん」

親「えーでも、こういうのって理屈じゃないよ。我が子が傷つけられたのに相手が認めないし謝罪もしないなんて耐えられない。先生たちの事情わかってたとしても、やっぱ絶対に諦めきれないよ」

元「睨まれたとか無視されたとか、からかわれたとかいじられたとか、色々あるけど、そういうトラブルからいじめにつながるって保護者も教員もみんなわかってるから、解決は難しいってわかっててもなかなか放置はできないんだよね。いじめって軽い言葉にされてるけどほんとにひどい犯罪行為も含まれるしさ。放置したらさらに悪化して傷つく子が増えるだけだし」

独「そうかもしれんけどさ……。あ、でも普通に犯罪だよね。窃盗とか暴行とかさ。警察に通報できないの？」

元「犯罪の可能性があるからもちろん通報することもできるよ。ていうか、今は犯罪行為については学校から躊躇せずに通報することが推奨されてる。でも保護者の方が大事にはしたくないから通報はしないでくれっていうことが結構あるんだよね」

独「え？　なんで？　我が子が被害にあってんだよね？」

親「でもその親の気持ちも分かるかも。相手が同じクラスの子だったら引っ越さない限りこれからもずっと同学年だし、大騒ぎしたくない気持ちはホントわかる。しかも実は我が子の方が悪かったとか後から判明したらシャレにならんし」

元「たとえ通報して警察が調べたことで事実が明らかになったとしても、小学生だから逮捕はされないし、今後も付き合いが続く可能性高いから、通報ってハードルが高いんだろうね」

親「仕返しとかも怖いしね。んー。私も多分相手には直接連絡取らないで先生に相談すると思う」

独「そっか。やっぱ学校に解決を求める親が多いんだね。それで結局『定額働かせ放題』になっちゃうんだ」

元「本当に保護者の方の気持ちもわかるんだよ。子どもたちって起きてる時間のほとんど学校に行ってるから、警察に言うほどでもないことは先生に相談するしかないんだよね、きっと。警察より教師の方が断然言いやすいだろうし。けど実際は授業とか給食とかの時間を除いていくと、トラブル解決のために使える時間なんて本当に少なくて解決できないんだよ」

親「警察は一つの事件に何人も関わって、聞き込みしたり捜索したりしながら何日もかけて解決しようとするんだろうけどそれでも、冤罪って0（ゼロ）にはならないじゃん。教師が授業の合間に解決するなんて無理があるよね」

独「でも当然の権利として昼休憩取ろうもんなら、サボってないでいじめの芽を摘めとかいじめの解決をしろとか言われそう。未解決のいじめを0（ゼロ）にするための具体策なんて考えもしないでさ」

元「いや、昼休憩0（ゼロ）で解決しようと奮闘したとしても、結果解決できなかったらサボってるって言われてると思うよ。でも正真正銘のサボり教員だって0（ゼロ）にならないから厄介なんだよね。保護者の方からクレーム来て当然と思う。大事なお子さん預かってんのに、勤務時間内に丁寧に相談しに来られた保護者の方に対しても敬意を払わなかったり、わいせつ行為とか犯罪行為して捕まったりさ。そういう人がいるから保護者の方々から批判されて当然だって思うよ」

親「なんか……親としてできることないかな」

元「保護者の方が、無視とかからかいとか、暴言暴力とかSNSトラブルとかで辛い思いをしてる我が子を思って声を上げるのは絶対に大事だと思う。家でも学校でも子どもは隠すから、これからもいじめに繋がりそうなことに気がついた場合は絶対に教えてほしい。

命を守るために絶対に必要。それを迷惑だなんて思ったことは一度もない。でも、保護者の方には学校の人員と時間が本当に足らないってことはわかってもらいたい」

独「私が親なら、子どもが被害受けたら、まず探偵雇って証拠集めると思う。そしたら警察も動いてくれるでしょ」

元「私も教員やめてからも元教え子とかその保護者の方から相談受けたりしてていろいろ考えたんだけど、探偵雇うのってすごくお金かかるんだよね。日数が増えると額も上がるのが主流で、いじめを受けてる子どもを守るために毎日尾行してもらう費用は相当高額になる。だから、証拠が掴めた場合にはその探偵費用を加害者側に請求できないのかと思って調べてたんだけど、早めに証拠が掴めればいいけどそうなるとは限らないし、お金に余裕のある家庭の子ばかりじゃないからさ」

親「でもその方法は選択肢としてありかも。お金はかかるとしても我が子を守るために出せる額だって感じる親はいると思うし。証拠さえ掴めばその後の選択肢も広がるし」

元「そうなんだけど、加害者側だって我が子が大切だからさ。弁護士雇われて裁判とかになればさらにお金がかかってくるし、結局お金出せないほうが被害者側だったとしても苦しめられると思うんだよね。まだ詳しく調べ切れてないから勉強中なんだけど」

親・独「……」

独「ごめん、まだ話し足りないけど今日はそろそろお開きにしよっか」

元「あ、そうだね。ごめん、ベラベラと」

親「いや、私も考えてみるよ。我が子の幸せのために。また近々話そ」

■小中学生が警察に通報されたらすべて解決か

犯罪行為（触法行為）を含むいじめの芽を0（ゼロ）にすることは難しいです。排除、無視、暴言など、日々変化しながら同時多発的に生まれ続けていると言っても過言ではありません。

大人でも自慢ばかり言う人、悪口ばかり言う人、人間性が疑われる言動をする人、不確かな噂を広める人などがいて、皆さんも悩まされたことがあると思います。「この人とはもう一生関わりたくない！」と思う人もいたかもしれません。

そこまで強い拒否反応はなくとも、何となく気が合わない人、悪い人ではないけれどどこちらが興味のない趣味を長々と語り続ける人、正当な理由は特にないのに生理的に受け付けない人などいて当然です。人間ですから。

そんなとき、大人は、その人と同じグループに入ることを避けたり、その人に自分から話しかけることはせず心の距離を取ったり、本人に伝わらないよう配慮して陰で悪口を言ったりしてストレスを発散し、自分の心を保っています。

子どもも同じです。ただ同時期に生まれたという理由だけで学校に集められたのですから、自分と気の合わない人や、積極的に関わりたくないと思う人がクラスの中に必ず存在します。

そんなとき、子どもは大人と同じように、その人と同じグループに入ることを避けたり、その人に自分から話しかけることはせず心の距離を取ったり、本人に伝わらないよう配慮して陰で悪口を言ったりしてストレスを発散し、自分の心のバランスを保とうとします。

しかし、子どもは未熟です。大人のようにそうやって上手に人間関係を築くことができません。

その人を避けようとしてあからさまに排除したり、心の距離を取ろうとして話しかけられても完全に無視したり、悪口が本人に伝わってしまいトラブルにつながったりします。放っておくと、暴言暴行、傷害、ＳＮＳでの誹謗中傷や名誉毀損などに発展することもあります。

本人に明確な悪意がない場合でも、こうして犯罪行為（触法行為）を含むいじめは簡単に生まれます。

大人が普段している心の保ち方を、我が子が真似をして失敗をしたのです。クラスメイトの心を傷つけたことを深く反省させて謝罪させ、これから適切な心の保ち方ができるよう、具体的な解決策をお子さんと一緒に考えましょう。

そして犯罪行為（触法行為）に発展しないように、行動を正していきましょう。うまくいかないときは、我が子が加害者側で、誰かの心を傷つけてしまった場合でも、スクールカウンセラーや専門機関に相談していいのです。

我が子の行動を正し、幸せな人生を歩んでもらうために必要な相談を、モンスターペアレンツ扱いすることは間違っています。遠慮せず、抱え込まずにご相談ください。

我が子が被害にあった場合はためらわずに学校へご連絡ください。暴行、傷害、強制わいせつ、恐喝、窃盗、器物破損、強要、脅迫、名誉毀損、侮辱、児童ポルノ提供等、自殺関与、私事性的画像記録提供などについては学校から警察への相談や通報をするように文科省から通知されています。

そんなこと小学生がするのか？と思われる方もいらっしゃるかもしれませんが、子どもは自分で悪いとわかっていることは大人に隠します。小学生同士で起こっていることも多々ありますし、誰にでも起こる可能性があります。

学校と警察は連携しています。警察に通報されたとしても、小学生の年齢で逮捕されることは絶対にありません。警察と話すことで行動を正すきっかけになるかもしれません。教員には強制的に事情聴取をする時間や権限はなく人員も時間も十分とは言えませんが、警察に丁寧に調べてもらうことで疑いが晴れることもあり得ます。

学校や被害児童の親が児童の暴行や傷害、児童ポルノ提供、自殺関与などの行為を警察に通報したとしても、小学生は逮捕されることはないし起訴もされません。児童相談所や児童自立支援施設が対応することはありますが、たとえ人を殺したとしても法律上罰せられることはありません。これは一四歳未満の中学生も同じです。

また、学校は加害児童生徒の弁護士から、校長や担任に寛大な対応をするよう求められたり、適切な指導や教育を求められたりする可能性があります。私立であれば、退学が適切ではないことを説明するための話し合いを求められることもあります。

もちろん、加害児童生徒への対応が厳しすぎないか、反対に軽すぎないかいろいろな観点から関係者で話し合うことは必要でしょう。しかし、教員の超過勤務がさらに増えてしまう原因の一つでもあります。また、警察に通報された加害児童生徒が同じ学校に通い続けることも当然あり得ます。具体的解決策はまだみつけられていません。私は考え続けたいです。

■わいせつ教員も、その冤罪も0(ゼロ)に

教「よーし。Aさんちょっとこっちおいで。少しお話しようね」

児一「えー。先生またAちゃんとお話？　この前もだったじゃん。私たちとも遊んでよー。ケイドロがいい！」

児二「私は色おに（鬼が言った色に子がさわれば、鬼はタッチが出来なくなる鬼ごっこ）がいいなー」

教「ごめんね。Aさんのおうちの人に頼まれてることがあるんだよ」

児三「うそつきー。いつもひいきしてるじゃん」

教「時間ないからごめんね。ほらAさん行こう」

……。

児二「ねえお母さん。今日も先生休み時間に遊んでくれなかった。いつもAちゃんとどっか行くんだよ」

母「なんか悪いことして叱られてるだけじゃないの？　どっかってどこ？」

児二「わかんない。でもいつも Aちゃんの手引っ張って廊下走って行って、どこ探してもいないもん」

母「わかった。明日からもおんなじことあったら絶対にお母さんに教えてね」

……。

長「先生、ちょっとすみません」
教「あ、校長すみません。今日はなつきさんの家庭訪問に行く日なんですよ」
長「あー。しばらく学校に来てないもんね。でもコロナでしょ？」
教「一応保護者からの連絡ではそうなってるんですが、一昨年から行き渋りがあった子ですし。しばらく顔見てないんで、補充プリント持って急いで行ってきます」
長「いや、ごめん！　至急校長室来て。ごめん、すぐ終わる！」
教「いや！　約束の時間が！」
長「わかった。絶対一分で終わる！」
ダダダダ！バタン！（校長室）
教「なんですか！」
長「今日もAさんにわいせつ行為はしてないね！」
教「だからいつも言ってるでしょ！　今日はひまりさんの消しゴムを盗もうとしてました！　他の子や他の親からAさんが特定され責められるのを避けるため、毎回別室で指導してます！　先週の職員会議でも全職員に確認済みでしょ！」
長「わかってる、ごめん！　別室対応に同席できる女性職員は今回も見つからなかったね！」

教「はい！　急いで別室に行かないと他の児童に聞かれてAさんがやってること知られてしまうし、手の空いている職員も見つかりませんでした！　窃盗にあたりますが警察に通報すべきですか？」

長「いえ、それはまだ早いでしょう！　今回は先生が防いだからまだ窃盗はしてないし、それで通報していたら我が校は毎日通報案件があります。しかし放置はできないので、Aさんの保護者に電話連絡を必ず入れてください！　お母さんもずっと悩んでらっしゃるので厳しい助言は避けてください！　それじゃ気をつけて家庭訪問行ってきて！」

教「はい！」

バタバタバタバタバタ。

教「校長！　声を荒げてすみません！　他の保護者から心配の電話があったら毎回確認が必要なのはわかってます！」

バン！　ブウーン……。

長「こっちも、いつも、ごめん！」

別室指導は、指導を受けた児童や指導内容が特定され他人から過度に責められることを避けるために絶対に必要だ。しかし、児童生徒と教師が個室で二人きりになることは、わいせつ行為やその冤罪などを生む危険を伴う。同席する人員が必要だが足りていないのが現状。

小児性愛という精神の病についてや、あなたのお子さんやお孫さんが通う可能性のある地域の教員採用試験の倍率を調べてみてほしい。仮にまだ犯罪行為を起こしたことのない小児性愛者一人があなたのお住まいの県で教員採用試験を受けたとする。倍率が三倍であれば三分の一の確率で、倍率が二倍であれば二分の一の確率でその人は合格する。倍率が一〇倍であれば一〇分の一の確率になるけれども、これでも０（ゼロ）にはならない。子どもにわいせつ行為することは許されないし、ましてやそれ目的で教員になるなんて本当に絶対に許してはならないけれども、それを防ぐ具体的解決策は十分ではない。

小児性愛について調べてみると、性の興味の対象は本人にも選べず、犯罪行為をしないために薬を飲んで治療している人もいるようだ。私もこの本を執筆していく中で、我が子や我が子の友達、親戚の子などに性的な興味があり、薬で治療しているという人の話を聞いたことも実際にある。犯行を目撃すればもちろん即通報するが、人目につくところで犯行に及ぶ人も簡単に自白する人も少ないだろう。

■ある学校での会話

同僚一「お、やっぱり戻ってきた。おはようございます!」
同僚たち「おはようございまーす!」
この「おはようございます」は、家庭訪問や児相または警察との連携、次の日授業で使う学級園の耕しなどで、一旦学校を出た教員が、再び夜職員室に戻ってきた時に使う業界用語。芸能界のパクリかどうかは知らんけど。
同僚二「おはよう! 家庭訪問お疲れ様ー!」
教「そりゃ戻りますよ。明日の授業準備全く進んでないですもん」
長「おはよう。なつきさんどうだった?」
教「校長、まだ残っててくださったんですか。なつきさん笑顔が出てて安心しました。前回の補充プリントもがんばってましまして。あ、その後お母さんから今後の登校について相談受けていたので遅くなってすみません。もうどうぞお先に帰られてください」

長「よかった、お疲れ様。勤務時間とっくに終わってるから命令じゃなくてお願いなんだけど、Ａさんの保護者に連絡するの忘れないでね」

教「あ！　そうだった！」

同僚三「校長ー！　今日は遅いしもう明日でいいんじゃないですか？　働き方改革ですよ！」

教「先生、ありがとうございます。でも、Ａさんの保護者の方はこの時間しか電話に出れないんで今から連絡します」

同僚三「そっか。事情も知らずにごめんね。お疲れ様。校長すみません」

同僚四「まあ、家庭訪問行く予定入れてたってことは、比較的余裕のある日だもんね。今日終わらせておいた方がいいよ。明日は研修入ってるしチーム会議もあるしさ」

同僚五「やっべ研修資料の用意が間に合わん！」

同僚六「おはようございまーす！」

同僚たち「おはようございまーす！」

同僚六「息子を風呂に入れてきたんで遅れてすみません！　今から研修資料の準備急ぎま

しょ！」

同僚七「奥さん大丈夫？　つわりひどいって言ってたよね？」

同僚六「大丈夫だから行ってきてって言われたんで謝り倒してきました。向こうも教員なんで事情分かってくれてて」

同僚七「そっか。うちのチームの仕事も残ってて手伝えなくてホントごめんね」

同僚五「ごめんな。俺だけでさっさと終わらせときゃよかったんだけど、先週から嫁がばーちゃんの介護で身体壊しててさ。さっさと終わらせて帰ろ！」

――プルルルルル！　留守番電話サービスです。新しいメッセージは、一件、です。

匿「いつまで電気つけてんだ！　税金の無駄遣いだろ！　無能なサボり教員が！　効率もお前ら教員の質も悪すぎるんだよ！　わいせつ教員体罰教員ばっかりじゃねーか！　大体お前たち公務員はなー……。

死ねー！」――。

長「みんな、本当に本当に申し訳ない。今日は定時退校日なのでそろそろ帰ってください」

「……」

同僚三「校長。タイムカードだいぶ前にみんな通してるから安心してください。そうしないと上から働き方改革推進会議開けって言われて、その時間とるためにまた超過勤務が増えるでしょ」

長「いや、でもそれじゃダメなんだよ」

教「校長先生報告です。Aさんのお母さん泣いてらっしゃいました。Aさんが窃盗未遂をした場合の保護者連絡は、今後一〇回に一度に減らします。タイムカードはみんな正しい時間に通してると思います。僕は自発的にやってるのでこれは残業とはいえません。裁判で決まった結果なのでちゃんとわかってます」

長「……本当に申し訳ない。ありがとう。みんなで協力して早く終わらせよう」

実は、必要のない業務は減らしていいよ、と現場に判断をゆだねられている部分もある。もちろん子どもの教育のために減らしてはいけない業務も多いので制限はあるけれども、学校が激務改善のために、やらないと決めていい業務も多くあるということだ。

だったら、教員の残業代のために多額の税金を使うより先に、学校側がどんどん業務を減らして自分たちで改善すればいいじゃないか！　まだ捕まっていない隠れたわいせつ目的教員の給料にまで私たちの税金が使われるなんて絶対に許せない！　という意見が出て当然だ。

しかし、それもまた教員の業務過多が邪魔をする。授業準備の時間を0（ゼロ）にしても、膨大な業務の中から減らしていい業務は何か、逆に減らすことが法的に許されていない業務は何かを調べる時間さえない。仮にそれが分かったとしても、学校としてどの業務を減らすか話し合うためにまた時間がとられる。激務を改善して超過勤務を減らすための会議なのに、それをするために、さらに超過勤務が増えている。もちろん時間外の業務命令はできないことになっているので、管理職からお願いされて行う時間外の自主的な会議が多い。わかりにくいので例を挙げるとこんな感じになる。

校長「鈴木先生ごめん。超過勤務減らすための相談があるんだけど」

学年主任「すみません。研修終わったばっかりで、今から急いで保護者へ連絡しないといけないんですよ」

校長「うん。それが終わってからでいいから」

学年主任「いや、その後は○○先生（同学年の若手教員）の保護者からのクレーム対応を一緒に考えないと、今日も多分電話かかってくると思うんで」

校長「そうか。管理職で業務削減案は作ってるから、それを見てくれるだけでいいんだけど」

学年主任「あー、この前チラッとみたけど無理じゃないですか？　削減したら子ども同士のトラブル増えて周りの学校はやってるからやってくださいって保護者からもクレーム殺到して余計に超過勤務増えるだけだと思いますよ」

■共働きの保護者でもある教員のこんな事情

教員不足、担任の成り手不足で我が子も教え子も一年生、我が子も教え子も卒業生に無理矢理させられることもあり、勤務校と重なれば入学式にも卒業式にも行くことができない。

管理職の成り手も少なく、断っても断ってもほぼ強制的に管理職試験を受けさせられ合格してしまうこともある。昇進だから嬉しいんじゃないかと思われるかもしれないがそうとは限らない。

我が子の入学式や卒業式などの行事に行きたくても、学校行事で管理職が休みを取ることは難しいため我が子に我慢をさせて出勤。代わりに行ってくれたじいじとばあばから、「忙しいのは十分わかっているけど……本当に本当に見てあげて欲しかった」と言われ、静かに涙を流す学校管理職や一年生・卒業生担任はこれからさらに増えると予想する。

運動会も当然重なることが多く、毎年ビデオでしか見てあげられないから、せめて入学式と卒業式の姿くらい目に焼き付けておきたいだろうに、その夢も叶わない。そして先生たちが早期退職を選ぶ原因の一つになっている。入学式や卒業式は両親共に参加する家族が多くなってきている中、両親共不参加は両親共一年生・卒業生担任か学校管理職である場合が多いという。

■元教え子たちからのうれしい報告電話に話し込んで睡眠時間が削られる先生の例

——ある教師のスマホに知らない番号からの電話

教「はい。もしもし」

誰「せんせーい！　久しぶりー！」

教「まず名乗りなさい。覚えとってやりたいけど先生ももう歳やし、もう何百人も教え子おるからね」

誰「えー？　そこは覚えとってよ！　てか私は先生が担任になったことないよー。弟がお世話になりましたー。めっちゃ家庭訪問きよったよね、マジうざかったー」

教「おーそうかー。それはごめんなー。で、誰のお姉ちゃんかね？　どうやってこの番号知った？」

誰「そんなんみんな知っとるし。だいぶ前に誰かしらから回ってきた。ねー見てみてー！」

教「どうやったら見えるとかね？　あーこれか」
……。
誰「先生！　何で切りよるとね」
教「ごめんごめん。老眼鏡ば探しよったったい。お、結婚式か」
誰「そーそー弟の！　マジ感動やばい！　先生まだ名前思い出せんと？　もーダメやね！
ボケとーやんマジウケる！」
教「待て待て、もうすぐそこまで出てきとる。えーとー、蓮翔（れんと）か？」
誰「もー全然違うやん湊よ！」
教「あーごめん、みなとの方か。とだけは合っとるやんか」
誰「はー？　とが付く名前とかいくらでもあるやん！　わーお嫁ちゃんマジきれー！」
教「いや、名前は確かに間違えたけど顔は覚えとるぞ。立派になったやんかー」
湊「……俺が警察に捕まったとき、仕事で来れんかった母ちゃんの代わりに先生が迎えに
来てくれました。タバコがやめれんやったときも、先生は吸わんけん分からんけど、大人
でもタバコやめるの苦労するらしいけんいっぺんにやめるのは無理だぞっつって、何本ず
つ減らしていくか一緒に考えてくれました。こんなこと言ったのバレたらタバコ許したこ

とになってクビになるかも知らんけんお前と俺だけの秘密だぞって言って笑ってましたね……」

誰「湊！　先生だよ！」

湊「は？　え？　なん？　マジで先生？」

教「お前……主役なんやけん電話やらすんな！　もう切るぞ！　おめでとう！」

湊「おー！　先生やんマジですげー！　俺今日結婚式っちゃん！　来てよー！」

教「いやみんなのには行けんけん誰のにも行かんことにしとるったい。もう切るけんねー。涙拭かんと写真に残るぞー！　幸せんなれー！」

ガチャ。

こんなことがあるから知らない番号からの電話もついとってしまう。番号もずっと変えられなくて〇九〇。今後詐欺に遭わないか心配だ。終業式と卒業式に配るメッセージに「電話番号はなるべく拡散しないこと。もしもどうしても電話しなきゃいけない時は先に何年卒の誰か、何年生の時に担任したか、それとも担任はしてなくて兄弟姉妹の担任か事前にメールを送ること」を付け加えよう。……なんか活字にすると冷たいな。うーん。あれ？

もう六番目の注意事項に書いてある。そうか。ちょっと前に剛の母ちゃんからかかってきた時に加えたんだった。『うれしいことはテレパシーでも可』よしこれでよかろう。

同僚「お疲れ様でーす」
教「お疲れ」
同僚「先生。テスト期間の土日くらい家におらんと奥さんに愛想つかされますよ！」
教「……部活と生徒指導三昧でとっくに見切りつけられて離婚しとうったい俺は。老眼で丸つけがなかなか進まんっちゃけんほっとけ」
同僚「……知りませんでした。本当にすんませんせん余計なこと言って。……それで寂しくて泣いてんすか？」
教「いやこれは感動の涙くさ」
同僚「……大丈夫ですか」
教「……何か用？」
同僚「先生本当に申し訳ないんすけど、俺教室で掲示物してきたいんです」
教「あー、あんまりこだわって時間かけるなよ。若いけんて無理すると歳とって身体壊すけんな」

同僚「それで、今日保護者が俺に電話かけてくるかもしれないんで、もしかかって来たらインターホンで繋いでもらえませんか？　なんかよー分からんけど腹かいとって（怒っていて）、何時にかけてくるか言ってもらえんやったもので。すみませんけど」

教「そげなん無視しとけ。休日の仕事自分で増やすとろくなことないけんな」

同僚「いや、俺もそうしたいんですけど、時々話聞いとかんと余計回数と時間が増えるだけなんです」

教「あーそのパターンね。よかよか、俺もどうせ提案文書やらなんやら作らないかんけんしばらく残る。で？　インターホンってどうやって繋ぐとかね？」

同僚「あ、すんません。じゃ教室にインターホンだけしてもらったら走って戻ります」

教「ごめんな。老害とか言わんでね」

同僚「……言いませんよ。俺もいずれ通る道ですからね。じゃ、すみませんけど教室行ってきます」

教「……」

第四章　コメ活のススメ

■不適切指導教員とその冤罪を0（ゼロ）にしたい

――再び「幸せ時間ふやし隊」ランチ会議

まず小学生の母であるおやりんと独身貴族ドッキーの会話から。

親「また担任ガチャ外れ！　うちの子の担任ひどいんだって。他の親もみんな言ってるし。モンペとか思われたくないから大人しくしてりゃ、鉛筆一本落ちてるとか休み時間も他の人の席に座るなとか綺麗な服着てくるなとか意味わからんどうでもいいことでヒステリックに怒鳴り散らしてるらしくて意味不明」

独「うわー何それサイテーだね。ニュースだけの話かと思ってだけど本当にあるんだ」

親「そーまさにそれ。授業止めてまで怒り続けて泣いてる子もいたらしい。教師のやることかって感じ。しょーもないことでキレてる暇あったらさっさと授業進めろって思う。しかも教員の働き方改革とかいって宿題の丸つけ親がしないといけなくなって。こっちだって激務で疲れて帰ってきてるんですけどってホント思う。旦那もブラック勤めで病みぎみだからほぼワンオペだしさ」

独「ひえー。丸つけすらやってくんない学校あるんだ。教師の授業が分かりにくいから間違えてんのにね。子どもおらんけん知らんけど。間違い見つけて教え直すのも教育の一貫じゃない？　それ親に押し付けるのってどうなの？」

親「やっぱそう思う？　けどヤフコメ（ポータルサイトYahoo! JAPANが提供するコメント投稿サービス）とか見たら意外と教師を擁護してる人いるんだよね。腹立つからよくは読んでないけど」

独「えーそうなんだ。ヤフコメとか久しく見てないわー。興味ないし。教員同士で擁護し合ってるだけじゃないの？」

親「絶対そう。激務とか言ってヤフコメ見る暇はあるんかいって突っ込みたくなるね」

独「まあ、その件に関してはおやりんも同じだけどね」

親「……。けどさ！　うちの子も授業全然わからんけん聞いてもムダとか言っててね。宿題もめっちゃ時間かかるし実際全くわかってなくて。あんまりひどいから塾行かせることに決めたら塾ではちゃんとできてるみたいなんだよね。完全に担任の指導力不足っていう証拠じゃん？　でも塾も結構お金かかるから家計が厳しいし、学校でちゃんとわかりやすい授業してほしいわー」

独「クラスが荒れてんじゃない？　きょうちんもこの前言ってたじゃん」
親「んー、やっぱそうだよね。結構悩んでる」

きょうちん到着。

元「もーまた二人とも早！」
独「あ、理由は前回と一緒」
親「以下同文」
元「そっか。おやりん何か怒ってたね聞こえてたよ」
独「わっ恥ず」
親「そー、聞いて。担任がヒステリックばあさんで鉛筆落ちてるとか人の席に座るなとか綺麗な服着てくんなとかで子どもたちが泣くほどキレてくるらしい！」
元「あー……」
独「やっぱクラス荒れてんだ」
元「いや、わかんない。本当にただのヒステリックばあさんの可能性も０（ゼロ）ではないし。ただ最初の二つは訳あって私も厳しく指導してた。三つ目は……ちょっと経験ないから分かんないわ」
親「どういう訳？」
元「えっとね、あっちょっとこれ見てもらった方が速いかも。最近コメ活してんだよね」
独「あー、コメだよ珈琲いいよね」
親「何それ、そういうのうといんだよねー。また新しい何とか活動生まれてんだ。ポイ活（ポイント活動。各種支払いにクレジットカードや電子マネーを使うことでポイントを貯める）、リコ活（離婚活動。離婚や夫婦問題に悩む人のための課題解決型マッチングメディア）まではわかるけどさ」
元「あー、コメだよ珈琲の方じゃなくて、コメント活動の略。まあコメだよ珈琲でコメントしてる時もあるからコメコメ活動かな？」
独「米米CLUB（バンド名）みたい」
親「ヤフコメね。また何で突然？」
独「そういうの否定派だったよね？　しかも批判とか暴言が多いイメージ」
親「私も見るだけか『いいね』押すくらいだな」
元「いや、最近電話番号登録必須になって誹謗中傷はまあ0（ゼロ）じゃないけど減ってる感じするよ。あとツイッター（現X）とかのコメントもしてる」

親「コメントするだけなのに活動って。何でもかんでも活動にされてもついてけんわ」

独「芸能人の批判とかやめときなよー。電話番号にぎられてるなら訴訟起こされたら終わりじゃん」

元「してないしてない。私ドラマとかお笑いとかに日々救われてるし」

親「私も救われてる。芸能人も遠慮しないで反撃していいよね。好感度が心配なのかもしれないけど私は好感度下がらない！　むしろ上がる！」

■芸能人に対するいわれのない誹謗中傷はやめて笑顔を増やそう

元「ローマブーティ三号四号の厚志が赤い髪だった時からずいぶん笑わせてもらったし、そのおかげで私の寿命だいぶ伸びたと思うんだよね。ローマ肝番組とかうつでオムツしてた時でさえ録画流してもらってたし。あの人出馬してほしい」

独「確かにちゃんと国民の幸せ時間増やしてくれそう。スリムなショーで、職質は嫌だけど治安維持のためには必要だから我慢するって言ってたの見たんだけど、なるほどって思ったもん」
親「きち本古喜劇の大薮さんもじゃない？　すべるわけない話のスノーボードの話とかさ、おもんない先輩とか、そっとオカリナ吹いたような声に出くわすたびに思い出し笑いしてしまうもんね。あの人も笑いで国民の寿命伸ばしてるよね。体感だけど」
元「下田と女が叫ぶ朝の軽快なやり取りとか、さっすー率いる頭の回転が速い会話の女王様たちが世の中の悪行パトロールをしてくれてる話でもどんだけ腹抱えて笑わせてもらっているかって話だよね。あ、にこにこるんるんの結婚も素敵やったー。あと雪男たちグループのガン黒君が出た時とか老槻ちはるちゃんと一緒に泣いたよ、わたしゃ」
独「今は終わっちゃってるけどマリコデトックスと無凶夫妻のぷんぷん新党も笑わせてもらったー。あれまた再開してほしいけど、家庭守ってらっしゃるのも素敵なことだよね」
親「確かに。最近だと私あれ完全に沼ってたわ（ハマること）。あのーあれあれ！　氷川よるみが浮気彼氏にブチ切れてたヤツ」
独「あー。うましか律動脚本の磨き上げ人生ね」
元「見てたよ面白かったよね。でもあのー、授業中の手紙回しをツボるシーンに関しては元教員として悲しかった。後から来るように言ってちゃんと来る子ばかりじゃないし、その場で指導しないと他の雑務で指導する時間なくなるんだよね。であっという間に増えて真面目に授業受けたい子の妨害になるからそこんとこわかってほしかったなー。うましか律動めっちゃ好きなのに私と心が通じてなかったのかもなーって」

独「かもじゃなくて通じてるわけないでしょ。向こうはきょうちんの存在すら知らないよ。単なる一視聴者なのに思いあがるのもいい加減にしな。最近パパになったよね」

親「そうそうおめでとうってXで伝えた。けどあのドラマのおかげでカラオケ業界も少し持ち直したんじゃない？　私も歌ってストレス発散してるし」

元「確かに。人生で徳を積むことの大切さとか学んだよね。ちょっとしたきっかけで仲良くなれたり仲良くなれなかったりするけど、ちょっとした一歩を踏み出すことで笑い合えるんだってことも伝わってきた」

親「話戻すけどホンマでっせTVで六秒経てばほとんどの怒りは鎮まる的なこと言ってた気がする」

元「聞いたことある！　てか日月石家さ◯まさんにも元気回復期に本当にお世話になったんだよね。秋になってもさんまだけは食べないように徹底してる」

独「いや、高値になったから買わないだけでしょうが」
親「魚って下処理に時間かかるもんね」
独「本当に感謝してるなら最大限美しく食べるべきだよ。すでに店頭に並んでるんだから、どこの馬の骨ともしれんやつに汚い食べ方されるかフードロスになるかの二択だよ」
親「確かに。骨あるから子どもとかどうしても食べ方汚くなるんだよね。でも身体にいいからなるべく取り入れた方がいいよ。知らんけど」

■きょうちんのコメ活

元「私、こんなん投稿してんだよね」とスマホを見せてくれるきょうちん。
親「げ。長。こんなん読む人いる？」
元「ひどくない？」
親「けどまあまあ『いいね』ついてるやん」

元「ちょっと！　いいね数だけ見らんで読んでよ」
親「めんど！」
独「真面目か！」
元「と言いつつ読んでくれるんだ。ありがとね」

「教室に大人が担任一人では足りないと思います。教員だったころ、椅子入れを厳しく徹底させた年があります。椅子を投げる子を止める時間を稼ぐためです。鉛筆で人を刺す子がいた年は、鉛筆を床に落としたままにしないよう徹底。次の年は授業中教室を飛び出す子を止める時間を稼ぐため教室の鍵を閉めることを徹底し、物を盗む子もいたので自分の席以外座らないことも徹底。教室は思った以上に危険です。

ほとんどの子は椅子が出ていただけで数秒で机に立つことはないし、椅子を投げて周りの子に重症を負わせる原因にもならないし、教室内で五分ほど立たせるか口頭だけの注意で納得してくれます。一年生ではほとんどの子が褒める指導で行動を正すことができます。ほとんどの子が机と椅子の隙間から物を盗んでしまうこともありません。お子さんをそのように躾けてくださってるからこそ「厳しすぎ」と思われて当然だと思います。学校には適切に対応するための大人が足りません。

周りの子がケガをする恐れのある行動をとる児童の親と話し合いたいけれど、連絡がとれないか、話が通じないか、そもそも父親も母親もどこにいるか不明の場合もあります。今日も一日椅子を投げる子を阻止できた。鉛筆で誰も刺されなかった。窃盗を防ぐことができたと安堵し明日の安全管理を模索する日々でした。

子どもたちが幸せに生きていくために必要な経験を積み、必要な学力を身につけてほしいと考えていましたが、力不足で猛省と試行錯誤の日々でした。

異動後初日の休み時間に子どもたち同士のトラブルに対応していると、他の誰かが泣き始め、さらに他の誰かが机と椅子をバラバラにする。鉛筆がちらばり教室内で走り回っている子や喧嘩している子が複数いる状態でした。解決策が見つからず無力でした。

暴言暴力を含む授業妨害に対して口頭での注意は毎日、毎時間欠かさずしていましたが、すべてのルールを守っている子には必要のない話なので嫌な思いをさせた上に、学習時間も奪うことになっていました。授業が進められないのでルールを守っていた子も私語などで暇を潰すしかなく学級が荒れていきました。支援員はより危険な他のクラスに配置され0（ゼロ）でした。

分裂して身体を増やせたら、授業を進めながら泣いている子や喧嘩している子の食い違う話を丁寧に聞き、筆箱に入れたダンゴムシを逃がすよう説得し、家庭の事情でオムツが外れていない子のトイトレが同時進行できたのにと思います。

トラブル解決のためにいつまでも食い違う意見に耳を傾けているうちに、チャイム席をしていた多くの子の学習時間はただただ奪われます。授業が短くなってラッキーと思った子は毎回喧嘩の仲裁を求めるようになり、口頭指導以外の厳しい指導はできずに数年経ち、当然学力は落ち大人になって苦労してしまう。授業中の私語や手遊び、手紙回しも同じで、口頭だけで減らすことは困難で授業時間が減ってしまう。子どもたちが静かに学習する時間を確保したいと思う気持ちは保護者の方と同じはずなのに。

大切なお子さんが将来自立するために自分に合った職業をみつけたとき、学力不足を理由に諦めてほしくない。多くの保護者の方も共働きで忙しい。だから何とか学校で、教室で何とかしたい。でも解決策が見つかりません。

奇声をあげたり物を投げたりして授業を妨害する子が一人いるだけで学級は簡単に崩壊する。「給料もらってんだろ。体罰できねーくせに。教育受ける権利奪ったら親に言うからな！」と授業中に叫ばれ支援員はより危険なクラスで対応中で0（ゼロ）。ほとんどの保護者の方がお子さんを躾けて送り出してくださっていて感謝しています。お子さんから学校の様子を聞いて疑問を持たれて当然だと思っています。人員不足です。

独「まじめー」
親「てか闇深！」
独「こんなん解決無理じゃない？」

元「でもさ、こうやっていいねしてくれる人がいるんだよね。返信コメントくれる人も多くはないけどいるし」
親「けどこれとか一二件も返信あるやん」
元「まあ、半分は私からの返信コメントへのお礼だけどね」
独「は？　全部にお礼してんの？　暇人？」
元「ひどくないそれ。積極的に活動してるって言ってよ！」

温かい言葉をかけてくださってありがとうございます。私は保護者の方から「あんた無能だからみんな嫌ってるよ」と言われるような教員です。教え子が夜に万引きしたときは両親不在で、私が店に行くと盗んだのはサバの味噌煮。「明日(土曜)の分」と泣いてました。発達が三歳程度と診断を受けた子も国算以外は私のクラスで受けており、トイトレもしていました。他の子に丁寧な対応ができませんでした。あなたとここで出会えたことがとても嬉しいです。感謝申し上げます。

守秘義務で現状を伝えられないことが多いにも関わらず、保護者の方の中にこんなにも現場を理解して温かいコメントをくださる方がいらっしゃるなんて驚きです。ありがとうございます。

ご指摘ありがとうございます。教室の中の状況は私たちが子どもの頃とはずいぶん変わり、規律は緩み、集中して学べる環境とは言えない状態が多く見られるようになりました。一部の問題行動を起こす子やその保護者の方は体罰や厳しい指導が認められないことを盾に教員をサンドバッグにするようになりました。

体罰や理不尽な厳しい指導が禁止されているのは良いことです。でも、口頭指導と褒めて伸ばす方法だけで子どもたちが落ち着いて学べる環境を整えるにはもっと人員が必要です。

返信ありがとうございます。今や毎日毎時間一人以上が授業妨害している学校もあるのに、各クラスでたった一人暴れている子がいるだけで授業がストップするようでは、その子以外の真面目に授業を受けようとしている子たちもその保護者の方も被害を受け続けます。

お子さんには、その間教科書を読むように言うことくらいしか思いつかず申し訳ありません。適切な解決策が出せず申し訳ないです。

■おやりんのぶっちゃけと反省の言葉

親「……私さ。正直に言うけど、今きょうちんのコメ活見るまでは、先生たちって所詮他人の子だからクラスの子どものことなんてどうせ可愛くないだろうし、話もよく聞かないで表面上の話し合いしかしてくれないし、いじめにつながるかもしれないのに本気で解決もしようとしてくれなくて、まずいことは隠蔽してるクセに思い込みでキレたりする先生が多くなったなって思ってたよ。忙しいっていうけど自習とか多いしサボってんじゃないかなとか決めつけてたし、たかだか小学生の勉強教えるくらいで授業も満足にできないとか意味がわからんかったし、子どもに舐められてクラス荒れさせるとか威厳も指導力もなさすぎじゃない？って思ってた。倍率も低くて大した学力なくても簡単に採用されるんだし、昼休みとか子ども好きで先生になったんなら仲間はずれにされる子が出ないように一緒に遊ぶくらい毎日やってほしいって思ってた。わいせつ教員とか体罰教員も増えて質が悪いし、そんな先生が担任になったら安心して我が子預けれないって思ってた。定額働かせ放題とかうまいこと言って残業代もらおうとしてるみたいだけど、まだつかまってないわいせつ教員とか体罰教員の残業代のために何で私たちの税金使われなきゃいけないんだよって、他の親たちともめっちゃ悪口言ってる」

独「あんた……そりゃさすがにひどい言い草だね。一部の犯罪教員とがんばってる大勢の教員を一緒くたにしてさ。よくきょうちんの前でそこまでぶっちゃけれたもんだよ」

元「いやいや陰で言ってるだけなら大丈夫大丈夫。そんな電話何回も何回もあったから慣れてるよ。ほとんどの教員が慣れてると思うよ、きっと」

独「……」

親「いや、反省したからこそぶっちゃけたってことだけはわかって？」

独「それはわかってるわかってる。ウケる」

元「そうよ、そんな顔せんでも大丈夫。お互い忙しくてすれ違ってただけだよ。今日わかってくれたならいいじゃん。教員だって保護者の方たちが忙しいのちゃんとわかってるからさ。他人の子でこんなに愛しいんだから、我が子なら尚のことどんな手段使ってでも守りたいんだろうなって思ってたよ」
親「きょうちーん。ごめんね」
独「けど確かに、本来親と教員て子どもの幸せを守る協力者であるべきだよね。なんで敵対しちゃうんだろ」
元「それ、私も思った。けど保護者のほうからしたら我が子のためにいろいろ気を揉みながら担任に情報提供してんのに、担任からは何も教えてもらえないことが多いからモヤモヤして不信感が芽生えるのかなと思った。相手あってのトラブルだし守秘義務あるから仕方ないとしてもさ。なんか学校が隠蔽してるんじゃないかって思われても仕方ないのかなと思う。実際に隠蔽する教員も悲しいけどニュース見てると０（ゼロ）ではないからさ」
独「何でも０（ゼロ）にするのは難しいね。コロナもだし、モンペも虐待する親も、わいせつ教員も体罰教員もさ」
親「鳥インフルエンザも０（ゼロ）なら卵がこんなに高くなることもなかったかもしれないしね。知らんけど」
独「それ言えてる」
親「私も微力ながらコメ活しよっかな。我が子や家族の幸せのために」

独「あ、私もある程度の常識と礼儀を身に付けた後輩と楽しく仕事したいし、心優しい人に介護してもらいたいからコメ活しよ！」

元「なんの話？」

■おやりんのコメ活

――ということで、おやりんもコメ活開始！

「我が子のかわいい洋服が先生の赤ペンで汚されたのは悲しいと思いますが、謝罪や弁償の申し出を求めるのはやめてあげてほしいです。私も保護者側なので気持ちは本当にわかります。モヤモヤしますよね。けれど親友が元教員ですが本当に激務だそうです。その一つ一つの細かな対応が塵も積もれば山となるで先生方を苦しめています。気づいてないかもしれないし、他の業務に追われ忘れているのかもしれません。弁償させる気はあなたにもないはずです。その先生は教え子のかわいい服をわざと汚してやろうと企む先生に見え

ますか？　そうでないならば、私なら学校で使うものは全て汚れても構わない物にします。

先生方の働き方改革のお役に立てるとは思いませんが、微力ながら言わせてください。私は小学生の保護者ですが、ケガの報告はしていただかなくていいです。大怪我なら病院に呼ばれるでしょうし、それ以外なら家でみつけた時に「どうしたの？」と聞けば済みます。「忘れた」と言うなら大したケガではないのだから気にしません。誰かに故意にケガさせられたのを先生がまたまた目撃されたなら教えていただきたいですが、見てない場合は丁寧に聞き取りしたところで加害者は認めなくて解決困難だと聞きました。必要なら疑いの段階で警察に届け、昼休憩を取られてください。

先生は時間をずらすなどして全員昼休憩をとってください。委員会をサボって先生に迷惑をかけるなと我が子には言っておきます。

「まさかうさぎの餌やり忘れてないだろうね！　死んじゃうよ！」

と、ときどきカマをかけておきます。主犯格モンペのボスママには怖くて言えませんが、我が子を旦那に任せ飲み会を開いた時に、無自覚の自称非モンペや傍観者を含む非モンペ仲間にはこの考えを広めておきます。そこの子たちは図書委員会と保健委員会と放送委員会です。他の委員会はすみませんが力が及びません。

喧嘩の仲裁を先生に頼まず、自分たちで解決するよう我が子に言っておきます。その代わり暴言や暴力受けたり、物を壊されたり、お金取られたり、SNSで悪口言われたりしたらすぐに先生と警察に言って絶対にやっつけないといけないから教えてね、とも言っておきます。

また、これも言っておきます。嘘で誰かに罪のなすりつけをしたらいけないよ。あんたが嘘で誰かを傷つけたら、そのことも先生と警察にすぐに言って同じように絶対にやっつけるからね。先生とお母さんはあんたにも周りの子にも幸せになってほしいからいつも協力してるんだよ。嘘で人を傷つけたら絶対にダメだよと。

先生方の負担を減らし、成り手不足の解消と倍率アップ、授業妨害をする子の別室対応職員の確保、そして質の高い授業準備時間の確保を願っている保護者側です。いつもありがとうございます。

テストのやり直し、宿題のやり直しを昼休みや隙間時間にしていただけるのはありがたいのですが、他の業務も多いと聞くので削減の候補に入れてください。私は共働きで、子どものテストをじっくり見る時間も多くないので、恥ずかしながらしばらく経ってまとめて見ています。何回も消した後があり、目を凝らしてもどこをどんな風に間違ったか分かりません。間違ったところは時間取れたら教科書を見て教えてみます。

宿題の音読カードですが、先生も親もチェックが大変ですし削減候補に入れてください。恥ずかしながら音読してなくてもつい仕事で疲れててサインしてしまうことも多々あり、私が悪いのですが子どももズルを覚えてしまいます。時々朝の会で、

「音読してない人がいるそうです。昨日みんなが寝ているくらいの時間に一人のおうちの人から電話がありました」

とカマをかけていただけるとありがたいです。私も、

「音読しなかったらあんたが学童にいる時間に先生に電話で伝えるからね。さ、読んで」

と時々言ってみます。

プールカードのサインですが、病気などで休む時だけ記入し、記入がない場合は親の承諾ありとみなす誓約書などを一回だけ集めるのはどうでしょうか。毎回の記入とチェック、先生も親も負担ではないですか？　水着を持って行っているのにサインを忘れると入れてもらえないのは悲しいです。先生方も上からの指示で変えられないのだろうと思いますが、どこに掛け合えば削減できるか誰かご存知でしたら返信下さい。

小学生の子をもつ保護者で親友が元教員です。加害者の問題行動を説明すれば今の時代その子を特定されてしまうのでプライバシー保護のため先生方はただただ謝罪するしかないのでは？

大量の業務で毎日昼休みはなく、働き方改革で学校を追い出され家で毎日過労死ライン超え。成り手不足で業務はさらに増え続ける。放置してもこれからも成り手は増えず倍率は下がるばかり。

人間性を疑うような人やわいせつ目的で潜り込もうとする人が採用されるのを、こんな低い倍率で防ぐことはできないのでは？　犯罪行為を内部告発しようにも、教員がこれほど激務では証拠など掴めません。このままでは義務教育とはいえ大切な我が子を預けるのが怖いです。

■ドッキーのコメ活

――次は「独」ことドッキー。

新人が非常識だの礼儀がなってないだの使えないだのと愚痴を言っていても現状はいつまでも変わらない。国の宝である子どもの教育や躾を、激務の教員と共働きが多く日々時間に追われている子育て世帯だけに押し付けてきた結果だ。人手不足の民間も、子どもたちが高校や大学を卒業してから慌てていてはダメだ。

幼稚園、小学校、中学校、高校、大学と長い時間を過ごす学校の教育に必要な人員を確保するために、民間も積極的に着手すべきではないか？

コロナでリモートワークできるとわかった業務も多いはず。その場にいる大人の目が増えるだけで子ども同士のトラブルを未然に防ぐことができるかもしれない。

具体的な代案も出さないで批判だけするのはやめてください。

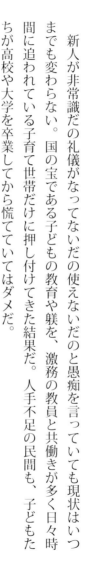

老後の心配をしている人も多いはず。あなたの介護をするのは、今親や教員に「うるせー偉そうにすんな！」と暴言を吐いている子かもしれないよ。独身でも子どもがいなくても確実に人は老いて死ぬ。我が子じゃなくても子どもの躾や教育に協力しておかないと幸せな老後はやってこない。令和の親は限られた時間の中で必死にがんばっても躾が上手くいかず悩んでいる。カミナリ親父や世話焼きばあさんは体罰をしないことに気をつけてよみがえってほしい。私は独身だが令和の親に温かい視線を送りつつ、躾の必要がある子どもたちには「おうちの人や先生の言うことを聞きなさい」と真剣に言う。

私は独身だが、躾のなっていない子を見ても忙しい令和の親を睨んだりはしない。被害を受けたら、
「ちゃんと大人の言うことを聞きなさい」
と目を見て真剣に言う。

子どもの躾に協力もしないで冷たい視線を送っている者が、誰かが必死で躾をして育ててくれた人に優しく介護してもらおうなんて甘いと思う。

■国も学校も家庭も、お金と時間と人員が足りずに困っている

独「でもさ、困った問題の具体的解決策をよく考えもせずに国になんとかしてほしいって思ってる人がいるけど、それって一部の親がなんでも教員のせいにするのと同じじゃない？」

親「ん？　どゆこと？」

独「だって国も将来災害が増えた時他の惑星に移住するための壮大な計画とかで忙しくて、どの問題にどれだけのお金と時間と人員を振り分けたらいいか分からないのかもしれないじゃん。待機児童とか学童入れないとか虐待とかだけじゃなくて、少子化とか生涯未婚率の増加とか物価高とか、それこそコロナとか景気回復もだけどさ、教員の激務解消のお金と時間と人員が足りなくて対応できないのかもしれないじゃん。知らんけど。解決するにはなんでも多少なりともコストかかるのに税金上げたら批判されるしさ。あちらを立てればこちらが立たずで八方塞がりじゃん」

元「……確かに」

独「うちら一般人にはわからんいろんな問題とかが複雑に絡み合って本当に解決が難しい

仕事とかしてくれてる人いるかもよ。躾丸投げの親とか虐待する親は悪いけど全親が悪いわけじゃないし、わいせつ教員とか体罰教員は悪いけど全教員が悪いわけじゃないとかいうけど、政治家も同じじゃない？　悪いやつは悪いかもしれないけど良い人もいるでしょそりゃ。全政治家が極悪人てわけじゃないでしょ」

元「……けど、政治家って実際どんな仕事こなしてるかいまいちわからないし、いらん会議ばっかしてるように見えるじゃん。……っていいながら教員も同じだなって思ったけどね」

独「だんだん声ちっちゃくなってってたね」

親「ほんとよ。親からしたら研究だか研修だかなんか知らんけど、いらん会議とかに時間かけんでもっと子どもと丁寧に関わってよって思うよ。出張で自習とかも多いしさ」

元「あー、ほんと同じだね」

独「お金と時間と人員が足りないのは国も学校も同じだよきっと」

親「それ親も同じかも。お金足りんけん共働きするけどさ。夫婦二人じゃ仕事も家事も子どもの躾も完璧にとか無理なんだよね。実家が近い人ばっかりじゃないしさ」

元「国も教員も親も悩みは同じなのにお互い心の余裕ないから対立しやすいよね」

独「要するに一部の極悪人はどの職種にもいるけど、全親、全教員、全独身、全政治家、全国民が悪いわけじゃないってことでよくない？」
元「うんうん。なんか少し優しくなれた気がするよ」
親「ねえ、気づいたこと言っていい？」
独「何、こわいんだけど」
親「散々悩んで散々意見ぶつけて散々話し合った結果、普通に前から分かってた常識に辿り着いただけじゃない？」
独・元「……」
独「あー！　よく知りもせんでいろんな人批判してしまってるわ～」
親「確かに。芸能人とかもねー」
独「てか、うちら真面目じゃない？　同級生のランチ会でする話じゃないよね」
元「確かに。ウケるね」
親「けどさ、民間企業だって全ての仕事内容が世間に知られてるわけじゃないのに政治家とか教員みたいに責められんよね？」
独「そりゃ当たり前だよ。民間は税金から給料貰ってないもん。責められる筋合いないよね。私たちが払った税金から給料もらってる人は国民の言う通りに働けよってことじゃない？」

親「じゃあ税金無くして全部民間企業にすりゃ文句はでないってこと？」

独「いやそれじゃ道路も信号も水道も壊れたらそのままだし、犯罪者捕まえてもらうのも子どもに読み書き計算教えるのも全部有料になって一気に破滅やろ、知らんけど」

躾を完全に放棄し他人任せにする親や虐待をする親は悪いが、ほとんどの親が仕事に追われながらも時間を見つけて我が子と関わっている。

わいせつ教師や体罰教師には厳罰を与えてほしいが、そうではない大勢の教師は子どもたちが抱える悲しい状況をなんとか変えたいと奮闘している。

不適切発言、血税の無駄遣いをする政治家の給料のために高い税金は払いたくないが、様々な問題が複雑に絡み合う世の中で、国民の幸せのためにデメリットの少ない解決策を捻り出そうとしている政治家もいるはず。

元「やっぱり一人ひとりの意識を変えていくしかないんじゃない？」

独「またあんたそんな綺麗事をさー」

元「いや、わたしゃいたって本気だよ。税金を上げずにこの悲しい現状を変えるには本当にそれしかないよ！」

独「そりゃ気持ちはわかるけど無理なんだって。それこそ具体策を出してみなよー」

親「いや、具体策はある。今思いついた」

独「かかるお金と、時間と、人員も考慮した？　さっきみんなで捻り出したばっかりの結論だよ？　その舌の根も乾かぬうちにテキトーなこと言ったってねー」

親「いや、必要なのは今お年寄りでも持ってることが多いスマホだけ。後は人間の脳みそ」

元「……あーコメ活？」

独「でもなかなか人の心は動かせないよ。私もやってみたけどいいね少ないしみんな見てないよ。仮に一〇〇〇いいねついたとしても日本の人口の〇・〇〇一％程度でしかないんだから」

親「いや、私は続ける。そして本を出版するよ。幸せ時間を増やすために」

■「明日の幸せ時間ふやしま省」を新設すると

――今、「明日の幸せ時間ふやしま省」という新しいお役所が誕生したらと夢想しました。そこにはなんと三人も大臣がいて、「幸せ時間」についてそれぞれの所感を述べています。

子ども大臣。

「僕たちだって幸せ時間はほとんどありません。ギャーギャーさわいだり、先生にはむかっていくクラスメイトのせいで授業は聞こえません。追い出してくれって思うけど、他のクラスも同じだから校長先生とかも他のクラスでケンカ止めててなかなかこっちに来れないみたいです。

だから仕方なく私語をして待ってます。すると怒られます。毎時間なので待つのもバカらしくなってうろうろすることもあります。それも怒られます。どうせ授業は進まないのにムカつきます。

最初は先生はちょっと可哀想だと思ってたけど、正直言って頼りにならないし、来なければ授業が潰れて楽だし、先生の味方すると巻き添いにされそうでこわいです。

そうしてるうちに親が僕の頭が悪くて仕方ないからと考え、僕は塾に行くようになりました。友達もなにかしら習ってるから、外に行って遊ぶことなんか予定が合わず、ほとんどありません。僕も約束を忘れることが多いし、友達からも約束を破られます。約束したから家に行ったのにいなかったことが何回もあるから嫌です。

ゲームなら通信で別々の場所でもできるから好きです。なんか知らないけどクセになってやめられません。親からいろいろ言われるけど、大人がずっとスマホ見てるのと何が違うのか納得できないのでムカつきます。うるせーとか殺すとか言えば最初は注意されることもあるけど諦めてくれることが多いから楽です。

昼休みも、からかったとか、睨んだとか、言っちゃいけない言葉を言ったとか、確かに本当にやってしまってる時もあるけど、してもないのに何回も聞かれたり怒られたりして、ほとんど遊ぶ時間はありません。

来年からは高学年だから、委員会活動とかなんか昼休みもいっぱい仕事させられるみたいです。イライラするから帰り道下級生に冷たくしたり、ちょっと押したりしてしまいます。並ばないのを注意したら蹴ってきたので死ねっていいました。いつまでも進まないときとか言うことを聞かない時とか『バカ』とか言ってきた時は叩くこともあります。でもそれがバレるとまた次の日の昼休みがなくなるから下級生には『絶対に言うなよ、言ったらもっとやるからな』と言います。

あんまり強く言いたくないけど、そうしないと僕が怒られるから仕方ないんです。塾が終わって家に帰っても親は仕事で疲れてて大変だなあと思います。なるべく困らせないようにしたいけどご飯食べてお風呂入って寝るまでずっと急かされてます。なんか怒ってるけどよく分からないこともあります。

ストレスがたまるけど学校でちょっと友達を叩こうもんならお互い様でもまた長い話し合いをさせられます。終わっても友達の親が納得しなかったとかで次の日からも何回も昼休みに話し合いさせられて正直僕も友達もなんでケンカしたか、自分が何をして友達から何されたかも覚えてないけど、とりあえず自分が悪者にされるのは嫌だから思いついた相手の悪いことを言い続けています。

向こうも同じで適当なことを言っています。明日はお母さんが学校に来るみたいです。僕が相手の悪いことを言ったからです。やられたかどうか覚えてないけど、今更言えません。絶対に向こうが悪いです。仲良かったけど嘘をついて僕を悪者にしようとしてくるから今は大嫌いです」

共働き母大臣。

「私たちだって必死です。夫の稼ぎだけでは塾のお金が払えないので仕方なく働いていますが、子どもの体調やらで休む時は気を使うし、感じ悪い同僚や無能で理不尽な上司に耐えながら安月給で働いでいます。

その上、親でも厳しすぎる躾はダメで根本解決にならないとか、時間はかかってもほめて育てるのが理想だとか、反対に親が甘やかすからつけあがるとか、躾のなってない親が学校に子育てを丸投げしてるとか、モンスターペアレンツだとか言われて先生に相談もできません。私だって専業主婦になれるならなって躾もしたいけど、時間的に無理なんです」

専業主婦大臣。

「専業主婦が羨ましいとか言われますが、夫の給料に余裕があるから専業主婦を選んだわけではありません。学童に入れなかったので子どもが一年生に入学するのに合わせて退職せざるを得なかっただけです。

子どものクラスは荒れていて全然勉強わかってないし、学校の先生も激務で対応は難しいと聞くので相談しにくく、家で宿題をみていますが本当にひどいです。しかも共働き家庭の子どもたちがたくさん我が家に押し寄せてきます。学童入れなかったのにうちが無料の学童になってます」

流石に国会で子どもを働かせるわけにはいかないが、大人が子どもの考えを汲み取ってコメント欄で意見を発信し合い、具体的な解決策を練り上げることはできるかもしれない。

■二〇××年　こんな未来考えました

時は二〇××年です。

元「久しぶりー。ごめん、長い針が5になるまで待たせちゃって」
親「何それ、二五分でしょ」

元「あーごめんごめん。今小一の別室対応スタッフしててさ」
独「え？　採用試験受けなおしたんだっけ？」
元「うん。でもかなり勉強したけど落ちたから副業としてね。週一だけ」
親「そっか、今倍率高そうだもんね」
独「けど大丈夫？　暴れる子とか授業妨害する子を連れ出すってことなんでしょ？」
元「あー、昔はそんなことあったね。今は暴言とか暴力で授業妨害しようもんならすぐ別室で愛情たっぷりのお説教されるし、保護者対応スタッフから親に連絡行くって子どもたち分かってるから減ったね。他の学校は知らんけどうちの学校は毎日ほぼ０（ゼロ）で、たまにあっても一日一人かな？」
独「えー不思議。追い出す人いないとたった一人の暴言暴力でクラス荒れるけど、追い出す人いたらいたで特にすることないという」
元「それそれ。何かあったとき別室で対応することだけが仕事だから、アルバイト程度の時給しかもらえんけど、教室の後ろのデスクに座って本業のパソコン作業するのもオッケーなんだよ。子どもたちが落ち着いてて別室対応の必要なかったら普通に本業の仕事はかどるし、その分の手当も会社からもらえるから得だよー」

親「えーいいね。子ども好きだしやってみたい」
元「いいやん、試験受けてよ。今別室対応は教員免許持ってる人しかできんけど、教室内で授業に追いつけん子のサポートする授業サポートスタッフとかなら免許無い人でも試験受けれるよ」
独「へえ。でも試験はあるんだ」
親「いろんな子どもに適切な支援をする上で必要な知識があるかどうか見るらしい。私も教員免許取ったんだよ！　だからその試験は免除だから知らんけど、参考書とかも出てるみたいよ」
元「えー！　いつの間に教員免許とったん？　知らんかったよ」
親「自宅でできる通信の大学でね。子ども不登校の時があったからその間一緒にがんばったよ！　曜日とかは選べるの？」
元「学校スタッフアプリに登録して、曜日とか時間とかの条件を選んだらＡＩがシフト組んでアプリに通知が来るね」
独「へえー。うちらが小学生だった時と全然違うね。手厚ー。いいなー」
親「逆に先生たち暇してるんじゃない？」

元「いやーまだ忙しそうかな。昼休憩の時間を担任と学校スタッフでずらして喧嘩とかケガにはスタッフが対応はしてるけど、からかいとか無視されたとかの話し合いは時間がかかるし毎日起こるから、昼休憩はまだまったく取れてないね。あと、放課後の授業準備時間が確保されてわかりやすい授業する先生が増えた分、教え方下手な先生が悪目立ちしちゃって相変わらず叩かれてはいるね」

親「あらー。けど一昔前にやたらわいせつ教員とかいじめに加担した教員とかがびっくりするくらいたくさん逮捕されてたやん。それより全然マシじゃない？」

元「いやそこと比べるのは違うでしょ。そんなの底辺人間やん。倍率上がって減ってはきてるみたいだけど、今でも０（ゼロ）ではないけん許せないよね」

独「うちの職場も学校スタッフ推奨してて、手当とか振替あるよ」

親「えー、民間なのに協力的だね」

独「いや、協力とかいうわけじゃなくて、要は自社のためよ。今民間もサビ残が厳しく取り締まられてて、スマホの録音とか動画の証拠あれば全額支払いの上に罰則もあるし、企業イメージも下がるからさ。効率悪くてサボる人雇いたくないんだよね。結局質の高い学生の取り合いに苦しむのわかってるから義務教育段階から着手してるってこと」

親「なるほどね。子どもたちがいずれは新人として入ってくるんだもんね」
独「しかもさ、昔流行したあのーコロナ病だったっけ？　あれが流行ったときにリモートワーク可能ってわかった業務とか多いから、常勤の学校スタッフを副業にしてくれたほうが施設費も減らせて得なんだよね。少子化で余った子どものタブレットとかもＡＩでウイルス除去してから使ったりできるし」
親「はー、なるほど。世の中変わってくねー。まあいい変化ならいいか」
独「でもこの前美しい地球を未来に残すための具体的解決策をＡＩに任せたら人類を滅亡させる方法を五八プラン提案してきたらしいよ」
元「こわー」
親「なんか全コメントをＡＩ解析したら、こちらを立てればあちらが立たず状態でなかなかいい解決策が出ないから、ＡＩの判断基準の四六四九万項目に最大多数の最大幸福を間違って追加しちゃったらしいよ。コメ活情報だけど」
独「そりゃダメだ」
元「虫とか微生物の数入っちゃったんだね」
親「植物とか感情入りロボットとか宇宙人とかもじゃない？　それで人類を一番に優先す

るって項目も増やしたんでしょ？」
独「それはそれで問題だけどね。人間のエゴっていうか」
元「確かに」
独「またコメ活でいい案の練り上げプランが国から提案されるんじゃない？」
元「次回はその中の有力なコメント者がコメ‐一グランプリ優勝じゃない？」
親「今年からコメ‐一グランプリの賞金一〇〇〇万らしいよ」
元「えー。最初一万円の図書券と感謝状とかじゃなかった？」
親「そうそう。でも世界に最もプラスの影響を与えたコメント者に匿名で一〇〇〇万の寄付をしたいっていう大富豪が現れたんだって」
独「大企業からも続々と寄付の声上がってるらしいよ。寄付した企業は自動的に世界中に拡散されることになってて好感度が上がって一〇〇〇万以上の収益が上がる場合もあるから、むしろ寄付したい企業が多くなってきてるらしい。これもコメ情報だけどね」
元「あー。コメ活民多いほどコメントのＡＩ解析だけで需要と供給のバランス調べやすいから在庫問題とかフードロス問題解決しやすいくて経費削減になるらしいね。だから、コメ活民を減らしたくないんじゃない？」

親「立候補が多すぎて、全社員を正社員として雇って全員の年収を三万以上あげる取り組みをしてもなお前年より利益があった企業からの寄付だけ受け付けるっていう案も出てるらしいよ」

元「あーそれいいね。いいなー美しい地球を残すいい具体的解決策天から降ってこーい！」

親「私はねー、犯罪の冤罪かけられる未成年が多くなってきた問題の解決策考えてみようかな」

元「あ、それどうにかしたいよね。子どもの犯罪を警察へ通報する学校が増えて、隠蔽とか自殺が減少傾向なのはいいけど、冤罪も生まれてるんだよね確か」

親「痴漢の冤罪みたいに悪質なのとは違って、親はどうしても自分の子のこと守りたいし信じたいから、どっちも我が子が被害者で相手が加害者だって思っちゃうし、そうやって生まれてしまう冤罪もあるのかなって思う」

独「冤罪じゃないとしても加害者の過度な吊るし上げも問題だよね。相手がずっと死ねって言ってくるから怒って殴ったり蹴ったりしてしまった場合とかでも、通報後に暴力した事実だけしか知らない人から顔と名前をネットに晒されて拡散されるのとかひどいよね。

そりゃ暴力はもちろんダメだけどさ。死ねとか言い続けた相手も悪いのに

親「最近は民度上がって、詳しい事情知らないのに一方的に叩く人は激減したけど、モン特も０（ゼロ）にはならないもんね、やっぱ」

元「モン特？」

独「モンスター特定班の略でモン特」

親「どこにでもモンスターはいるし、０（ゼロ）にはならないねー」

元「ま、一部のモンスターだけが悪いのにその他大勢を一緒くたにして批判すんのは時間の無駄だって大半の人が心に刻んでからは、ずいぶん世の中変わったよ。心温かくなれたよね」

独「昔この優しい私にパワハラですって言ってた子も効率的に仕事できるスーパーベテランになったし。若い子たちにモンスターの着ぐるみ被せてたのは、私ら大人だったんだよね。他人の子の躾には完全に無関心な時代あったじゃん。まあコロナ病かなんかで声かけるのも気が引けて仕方なかった部分はあるだろうけどさ」

親「よし。温かい心で幸せ時間増やすために何か具体策考えて一日一五分必ずコメ活しよう」

独「賞金一〇〇〇万円ほしー！」
元「私も一〇〇〇万ねらおー」

――これはもちろん私の素人考えの理想なので、私が気づかないいざまざまなデメリットがあり批判も受けると覚悟している。けれど私が今現状で隙間時間にコメ活で得た情報から考える具体的改善策はこれが限界。この本を手に取ってくださった方にも、ぜひ知恵を貸していただきたい。私も考え続けたい。

■コメ活の範囲は広い

例えば死刑囚が刑を執行されるまでの間に人生についての本を書いてもらい、印税として出た利益は税金として納めることはできないかとか、浮気やＤＶが原因で離婚した場合、子どもの教育に必要な費用は給料から自動的に天引きする仕組みにできないかと今は考えている。もちろんこれも素人考え。これからもコメ活で情報収集を続けていきたい。

誰かを意図的に傷つけるような批判をせず、必要なお金、時間、人員を意識した代案を発信してくれるコメ活民が増えていけば、あなたの相談を無料で、しかもお互い匿名で聞いてくれる人が増える。

例えば、ある悩みを抱えた人が「お金　時間　足りない」と検索して出てきた何かの記事やニュースを開いたとして「お金をなるべくかけずに◯◯したい」「時間をあまりかけずに◯◯を終わらせたい」とコメントすれば、多くのコメ活民からデメリットの低い解決策が今よりもっとたくさん返ってくるくらいコメ活民が増えたらうれしいなと思う。

コメ活のいいところは、返ってくるコメントでデメリットを発見したり、評価を見てどれくらいの人に支持されるか調べたりして、より良い解決策を見つけられることだ。

自分が一〇〇パーセント正しいと思った解決策でも、

「それだとこんな時困りませんか？」
「私だったらこの方が効率的だと思います」
「こんな経験があるので実際はこれでは通用しませんよ」

と返信が来て初めて気づくこともいっぱいある。

返信が来なくても、「いいね」の数で、どれくらいの人がメリットを感じるやり方なのか、ある程度予想がつく。

中には批判だけする人や、ちょっと考えれば誰でも実現不可能とわかるような代案を出して、あなたを強く責める人がいるかもしれないが、そんなのは心にとどめなくていい。「なんでわざわざこんな傷つく言葉で批判するのかな」と、ちょっとだけ軽蔑して、心の中でやっつけてしまえばいい。そんな薄っぺらい人にあなたや私の心を傷つけられてたまるものか！　明日犬か猫のうんこでも踏んでしまえ！と。

コメントを見ているだけだった方も、これは自分の生活の役に立つなと感じることが増えてきたら、あなたの暇つぶしの選択肢の中に、ぜひコメ活を入れていただきたい。あなたの知識をコメントすることが、必ず誰かの生活の役に立つと思うからだ。

暇つぶしのためにスマホを持って、なんとなく気になって読んだ記事やニュースで、「これこうやったら簡単に解決するかもしれないのにな」「私はこうやってうまくいったけど何かデメリットあるのかな」とあなたが感じたとして、他に急ぎの用事もやりたいことも全くなくて、とにかく暇を潰したいときだけでいい。

忙しくて人のために解決策見つける暇なんてないよーと感じられた方も当然いらっしゃると思うが、それならもちろんやらなくていい。私だって自分の生活が一番大切だ。自分の生活の負担になってまでやることはない。

■きょうちんの思い

「私が教員の業務削減を急速に進めたいという強い意志と明確な目的を持って初めてコメントの投稿をしたときはまだ平成だった。当時は批判的な返信コメントを多くもらい、心折れて投稿できなくなってしまった時期もあったが、共感してくださる方が少しずつ増えてきてくださっているのを感じている。温かい言葉をもらうたびに勇気づけられた。

二〇二三年に入ってからは、文部科学省のホームページにあるご意見、ご質問フォームを利用させていただき、本名とメールアドレスも明記して何度も教員の働き方改革の具体案を送信させていただいた。

全国の全学校で統一した音声ガイドを使い、保護者の方からの相談に対して対応し、必要があれば弁護士やカウンセラーの案内をしてほしいと意見を送らせていただいたのち、一ヶ月もしないうちに大阪の学校で五月から音声ガイドで対応するというニュースを見た時はとてもうれしかった。もちろん私の意見が反映されたわけではなく、以前から音声ガイドについて検討されていて、０（ゼロ）ではないデメリットについて多くの会議を重ねやっとこさ実現したのだろうけれど、少しずつでもいい方に変わっていくのを感じることができた。

きっと誰かが見てくれている。きっと誰かが真剣に受け止めてくれると信じてこれからも具体策を考え続けていきたい」

■ドッキーの思い

「一個人の悪行を取り上げて、あたかも同じ立場の全員が悪いかのような批判や誹謗中傷

に時間を費やすのはもったいない。

批判的に考えることも大切であることは理解できるが誰かが考えた具体案に対して、代案も考えないで『このやり方はダメだ』と否定だけしたところで現状は変わらない。

さらに言えば、必要なお金、必要な時間、必要な人員を無視して考えられた理想論や綺麗事の代案など全く意味がない。

限られたお金、限られた時間、限られた人員の中で、どんな具体案を出せば今日より明日がより良くなるか、真剣に考える時が来た。

私はこれからも発信し続ける。あなたが日々、お忙しい中懸命に生きていらっしゃることは百も承知。それでもどうかどうか、一週間に一分でも、あなたの力を貸していただきたい」

■おやりんからの感謝

「いつも過労死ラインオーバーで昼休憩もなく働き、子どもたちの安全管理や教育、意地

の悪い攻撃的モンペや無自覚でタチの悪い自称非モンペの対応を一手に引き受けてくださって本当にありがとうございます。

私も親として、担任ガチャに外れただの、指導力不足の教員は辞めろだの、わいせつ行為や体罰ばかりするやつに税金を使うなだのと、一部の犯罪者と全国に大勢いらっしゃる教員のみなさんを一緒くたにして悪口を言いまくっていた時期もありましたが、今はとても反省しています。

また、今現在教員の悪口を言っている保護者たちも、全員が本心から先生方の批判をしているわけではありません。ボスママ的存在に目をつけられないように、仕方なく悪口に参加しているだけの保護者もいるし、悪口は言わないけれど否定もせず傍観者になっている保護者も多くいるはずです。主犯格モンペを０（ゼロ）にすることは理想ですが、私たち非モンペにはどうすることもできないのです。

その一握りの主犯格モンペさんさえ、家計の管理や老後資金の不安、旦那とのいさかいや嫁姑問題、介護の押し付け合いや身体の衰えに悩まされて、教員をサンドバッグにすることでしか自分の心を保てないだけかもしれないのです。保護者代表として私が謝罪させていただきます。申し訳ございません」

第五章　温かい心で

■とある中学校の先生の学級通信への寄稿

――私がとても尊敬している中学校の先生が『学級通信』に寄稿した文があります。ご許可を頂いて、ここにご紹介します。

共生、自立

学級と言う集団にはいろいろな友達が混じり合って生活をしています。勉強が得意な人苦手な人、運動が得意な人苦手な人、給食をたくさん食べられる人少食の人、外で遊びたい人静かに読書したい人。自分と違う価値観の友達と関わることができる集団生活の場が、学校だと思います。

人は自分と違う価値観の人と出会う中で大きく成長できると考えています。だからこそ、自分と価値観の違う友達と「共に生きる」中で、違いを認め合い、受け止め合って、みんなで成長してほしいと思っています。

自分と違うことを受け入れず馬鹿にしたり、排除したりすることは決して許されません。自分の成長を阻害するだけでなく、放っておくといじめにつながるからです。いろんな苦手を持った友達に優しく温かく寄り添い、みんなで支え合い高め合いながら成長し、最終的には一人の人間として立派に「自立」できるようになってほしいと思っています。

学習面（授業を大切にしよう、自分のレベルアップ、支える力）

小学校と中学校の違いはたくさんありますが、大きな違いの一つに入試があります。自動的に入学できた中学校と違い、三年後に高校入試を突破して自分で選んだ高校に行くことができます。

当然ながら入試の点数が足りなければ行きたい高校には行けません。点数が低くても行ける高校はあるかもしれませんが、三年間も過ごすのだから、ぜひ第一希望の高校で過ごしてほしいと思います。だから行きたい高校に行く点数を取ることができるように授業、勉強をがんばりましょう。

また家庭学習も大切ですが、授業を特にがんばって欲しい理由があります。それは人と関わる中で優しく温かな人間になることができるからです。

勉強が得意な人は苦手な友達に教えることで、その人の苦しみに気づき、苦手な人は得意な人から一生懸命に学ぶことで、友達の支えを感じながら生活する大切さを学ぶことができます。家庭学習やオンライン授業ではできない人との関わりができる授業の中で、自分のレベルアップだけでなく、自分と違う立場の人との関わりを通して自分磨きをしてほしいと思います。

耳と口を鍛えよう（インプットアウトプット）

一年生で身に付けてほしい力の一つに聞く力があります。植物が成長するためには、水や日光を取り入れることが必要です。人が成長するために必要な水や日光のようなもの、それは他者の言動です。

人の話を聞いて共感したり、批判的に考えたりすることで、より一層自分の考えが深まっていきます。だからまずは人の話を大切に聞くことができる人になってほしいと願っています。

また黙って聞いているだけではダメです。他の人の成長材料も人の話からです。つまり、自分の思いや考えを口に出し、発言することで友達の成長を手助けします。ぜひたくさん発言が飛び交う一の三になってほしいと願っています。

生活面（生活習慣を身に付けよう、挨拶、時間、整える）

社会に出て当然身に付けるべきマナー。挨拶ができる姿や、時間を守る姿、それと同時に落ち着いた生活を送るために環境を整えることにもこだわってほしいと思っています。
やはり散らかった教室では良い学びは生まれません。自分の持ち物を整理する、履物を揃える、脱いだ制服をたたむなど一つ一つを丁寧に生活してほしいと思います。一の三をこの中学校で一番綺麗な学習環境が整った教室にするために頑張っていきます。

給食準備、掃除を中学校で一番頑張ろう

掃除、給食準備に共通すること。それはサボっても自分に害がない。自分がしなくても誰かがしてくれるということです。みんなで集団生活をしている上でそんなわがままがあってはなりません。それを許していると、やがていじめが生まれます。それだけの可能性が一年間の給食準備、掃除にはひそんでいると考えているので、そうならないように給食準備、掃除を大切にしてほしいと思います。

人として（素直な心を大切にしよう）

人が成長するために一番大切な心だと思っています。褒めて伸ばすとよく聞きますが、一番伸びるのは失敗して叱られた時だと思っています。大人もそうです。何か失敗した時こそ何がダメだったか真剣に考え、次はどう改善しようと真剣に考えるから成長するのだと思います。

だからこそ失敗した時は叱られます。そんな時にぷりっとふてくされて耳を塞いでしまっては何も進みません。素直な心で受け止めて、ごめんなさいと言える経験を積み重ねていけば確実に成長します。ぜひ素直な心を大切に生活していってほしいと思います。

仲間になろう（仲良しでなく）

仲良しとはその場を楽しむために集まった友達のことです。つまりそこには何が正しいかはありません。そんなただ楽しいことだけに向く集団になってはダメです。私がイメージしている仲間とは、同じ方向に向かっていいことは認め合い、ダメなことを指摘し合うことで高め合う友達関係です。そんな一の三の仲間になってほしいと思います。

■とある小学校の先生が教え子たちの卒業アルバムに載せた言葉

——とても素晴らしい温かいメッセージであり、エールでしたのでご紹介します。

「一年生の時は小さかったみんなも六年間の小学校生活を終え、いよいよ中学生になるのですね。時間が経つのは早いなと驚いています。

話を聞くときは、相手の目を見て聞きましょうと、いろいろな人から今まで何回も聞いてきたと思うけれど、先生はみんなに話しながら、みんなの目を見ている時間が好きでした。一つ一つ新しいことを覚えていくキラキラした瞳を、そばで見守ることができてとても幸せでした。

友達同士で喧嘩して先生を呼びに来ることもあったけれど、心がすれ違っても、相手の思いを想像して寄り添うことができる温かさがありました。

節分の日に赤鬼に変身したり、金色のポンポンをかぶってアメリカ人のウェンディ先生になりすましたりする変な先生のことを、笑顔で受け入れてくれましたね。

人生では、学力や体力、知識などを点数にして見られることがあります。なんで点数でばっかり見るのと、苦しくなることもあるかもしれません。でもそれは単なる点数競争ではなく、その点数に隠された努力を見てもらうものだと先生は思います。

もちろん得意不得意があるから、自分の方が努力したつもりなのに、人と比べて結果が出なくて、悔しい思いをすることも多いです。でも確実に言えることは、努力した方が、自分の力を出し切ることができるということです。せっかく持っている力を、ここぞという時に出し切って、自分の人生を切り開いていってくださいね。


ランドセルをうれしそうにからって入学してきたあなたたちが、今、卒業するのですね。先生はみんなの顔を見ている時間が好きでした。朝の会であくびを隠そうとしている口も、発表したくてキラキラさせている目も、先生はじゃんけんに負けたことがないと嘘をついた時、許してくれた優しい笑顔も、なんだかほっとしました。楽しそうに運動会のダンスを練習する姿、こっそり教えてくれた内緒の話、先生忙しそうと心配してくれる言葉。かけ算九九を息継ぎなしで言えるまで唱えた日々、あなたたちと過ごした毎日が幸せいっぱいでした。

先生は『人は人によって磨かれる』と言う言葉が好きです。誰かの生き方に憧れて自分の目標を持ったり、自分と違う考えを知って新たな発見をしたりすることが、人生を豊かにすると思うからです。

今あなたの心の中は、生まれてから今日まで支えてくれた家族との思い出や小学校でたくさんのことを一緒に乗り越えてきた友達との思い出でいっぱいになっていることでしょう。今までの出会いも、これからの出会いも大切にして、自分の人生を輝かせてください。これからも応援しています」

■とある先生ご夫婦が全ての子どもたちに伝えたいこと

◎なぜ勉強するのか

勉強しないと何の仕事をしてお金を稼いで幸せになるか、自由に選ばせてもらえないことがあります。あなたがこんな仕事でお金を稼いで美味しい物を食べたり旅行に行ったりして幸せになりたいなと思っても、その仕事をさせてもらえないことがあります。

なぜかというと、その仕事をするためのテストを受けて何点以上取らないと合格できませんと決められている仕事がたくさんあるからです。この仕事ができるのは免許や資格がある人だけですと決められている仕事もたくさんあります。

テストの点数が関係ない仕事もたくさんありますが、その仕事をするために必要な決まり事や約束をたくさん覚えて守らないと、この仕事は辞めてください、あなたにお金はあげられませんと言われることもあります。

運転免許と似ています。赤は止まれ、青は進めということを覚えていない人は危ない運転をするかもしれないので免許がもらえず、勝手に運転すると警察に捕まります。それと同じで、あなたはこの仕事をするための大切な決まりを覚えていないので不合格ですと言われてしまいます。

どの仕事でお金を稼いで幸せになりたいか、あなたの心はこれからいろいろ変わります。先生も小学生の時は小学校の先生になりたかったけど、中学生のときにいろいろ変わりました。ＴＶドラマや漫画を見て、弁護士、看護師、行政書士、警察、パイロット、パティシエ、漫画家になりたいと思ったり、Ｍ－１グランプリやロンハーをみてお笑い芸人になりたいと思ったりしたこともあります。中学生のときのつらい経験をきっかけに、中学校か小学校の先生になりたいと決め、高校生の時に、得意なことも苦手なことも全教科教える中で、子どもたちの心に寄り添えるような小学校の先生になりたいと思いやっと決定しました。

あなたが将来どんな仕事でお金を稼いで幸せになりたいか決めるとき、仕事を自由に選ぶことができるように、一生懸命勉強したり、静かにおうちの人や周りの大人の話を聞いて約束を覚えて守ったりすることがとても大切です。そうすることで、好きなことや嫌いなこと、得意なことや苦手なことが見えてきます。

この一年間で先生と一緒に、あなたが幸せになるための力を身につけていきましょう。

◎なぜ苦手な教科でも話を聞く必要があるのか

苦手な勉強でも、よく話を聞いて理解しようと努力することが大切です。その教科が本当に好きか嫌いか、今はまだわからないからです。

先生は小学生のとき、社会がとんでもなく苦手でした。テストでいい点が取れずよく親や先生におこられましたが、算数だけは得意で算数が一番好きでした。

けれど、好きな教科は変わることがあります。先生は高校生の時に、算数を細かく分けた、数学一、二、三と数学ABCという勉強をしていました。すると数学三とCがとんでもなく苦手だということが判明しました。今までずっと算数が大好きで得意だったのに、数学三とCだけは一生懸命先生の話を聞いても難しくて好きになれずやる気も起きませんでした。

そんな時、中学校の先生になるか小学校の先生になるか決めるために、このまま数学三とCを勉強するクラスに入るか、社会を細かく分けたうちの一つである日本史を勉強するクラスに変わるか決めなければなりませんでした。

先生はどっちを選んだと思いますか?そうです。小学生のときとんでもなく苦手だった社会の一部である日本史を選びました。小学校のとき一番好きだった算数の一部である数学三とCは苦手な上に大嫌いだったからです。

小学生のとき大好きで得意だった教科でも、実は苦手な部分があると高校生になって初めてわかることもあるのです。反対に、小学生のとき苦手だった教科でも、実は一部分だけものすごく好きだったと後になって気づくこともあります。

先生はチョコが大好きだけどチョコケーキのスポンジはあまり好きではありません。チーズは苦手だけどピザにのってるチーズだけは大好きです。それと同じことが勉強でも起きるのです。

だからこそ小学生のときは、苦手な授業もよく聞いて理解しようと努力することが大切なのです。そうしないと、苦手なことと得意なこと、嫌いなこと好きなことがはっきり分からないまま仕事を選ぶ時がきてしまいます。苦手だと気づかないままうっかり自分に合っていない大嫌いな仕事を選んでしまう人もいるかもしれません。好きな仕事ですら働いてお金を稼ぐということは大変なのに、大嫌いな仕事だったら余計につらい思いをします。

みんなには将来、自分に合った大好きな仕事をしてもらいたいです。なるべく少ない時間でたくさんのお金をもらえる仕事を選んで欲しいと思います。

苦手な教科の中に好きなことが隠れているかもしれないので、それを探す気持ちで先生と一緒に得意な教科も苦手な教科も勉強をしていきましょう。

◎気が合わないなと思うクラスメイトとも話をしてみよう

苦手な教科の中に好きなことが隠れているかもしれないとの似ていて、気が合わない人との会話の中に盛り上がる話題が見つかることもあります。卒業後も会いたいと思える人が見つかることもあります。大人になって仕事が忙しくなっても一緒にごはんを食べたりお酒を飲んだりしたいと思える人が見つかることもあります。いつも同じ五、六人だけで遊んでいたら、その人たちが大人になって遠くで働くことになり家も遠くなったら誰とも会わなくなります。

先生は小学校の時の友達で今も会っているのは一人だけです。しかもその人は他のクラスで小学生の時は特に仲良くもなかった人です。中学校で同じ卓球部に入ったことがきっかけで親友になり、結婚式で友人代表挨拶というのをしてもらいました。

先生の持ち物にマジックで死ねと書いてきた人は卒業以来顔も見たことがありません。その人たちは同窓会にも来ていませんでした。呼ばれなかったのか、呼ばれたけど来なかったのかはわかりません。

◎なんでおうちの人は子どもを預けて仕事に行っちゃうのか

大人になったら働かないといけない、国にお金を払わないといけない、子どもがいる人は子どもに勉強させないといけないという決まりがあります。

おうちの人はどうして働いているのか、それは国の決まりを守らなければいけないからです。おうちの人が国に払ったお金で、水道や公園、道路や信号、船が停まる港、飛行機が停まる空港などがつくられています。

みんなが昨日食べたご飯の材料を買うためにお金を払ったときも、おうちの人は国にお金を払うために多めに払っています。そのおかげであなたのおうちの水道から水が出るし、道路でたくさんの車が走ることができるし、公園で遊ぶことができるのです。ありがたいですね。みんなも大人になったらそうやって、働いて稼いだお金の一部を国に払うことになります。

◎ゲーム中の言葉に注意しよう

ゲームは面白いです。先生も子どものころ買ってもらえなくて悲しかったし、友達に貸してもらう時はケンカになっていました。それでもやりたくなるのがゲームです。

なぜかというと、ゲームはなかなかやめられないようにつくられているからです。ゲームをつくる仕事でお金を稼ぎたいと思ったら、みんながやめられなくなるような仕組みにすればたくさんの人がハマってどんどん売れます。そうするとつくった人にたくさんのお金が入ります。

ゲームをやめられなくなった人が宿題をしなくなって一〇〇点を取れなくなったり、夢中になりすぎて人を傷つける言葉が飛び交うようになったり、眠れなくなって病気になったりしても、ゲームをつくった人のせいではありません。その人はたくさん売れるゲームをつくろうと思ってがんばっただけです。ゲームをちょうどいいところでやめなかったり、おうちの人とつくった約束を守らなかったりする本人が悪いと言われてしまいます。

ゲームを長時間やめないでいたら、勉強する時間や寝る時間などが少なくなってしまいます。そうすると、頭が悪くなったり、病気になったりすることがあります。ずっとその生活が続くと大人になってからも幸せな生活を送ることができなくなることがあります。

おうちの人との約束は必ず守りましょう。どうしても守れない時は、先生と一緒にどうしたら守れるか考えていきましょう。

ゲームをつくる仕事をしたいと思っている人は、短い時間でも楽しくて、子どもたちがちょうどいいところでやめようと思えるゲームの仕組みを考えてほしいと思います。そうしたら大人も安心して我が子にゲームを買うかどうか、お金の使い方を考えることができるし、たくさんの人が楽しむことができてみんなハッピーですよね。ゲームを楽しむことは素敵なことですがゲームをする時間やその時の言葉について考えてほしいと先生は思います。

◎大人でも子どもでも　すてきな言葉を使おう

言った人・言われた人が大人だろうが子どもだろうが、同じ歳だろうが違う歳だろうが関係ありません。人を傷つける言葉だと気づいたら、その言葉を声にして出すのはやめましょう。

もし声に出してしまったあとで気がついたら、あなたは素敵な言葉を使う力をすでにもっています。相手に真剣にあやまって、相手がどんな気持ちになるのか考える練習を続けましょう。

え。先生この前授業中に教室に出たゴキブリを殺すときに死ねって言ってたっけ。ごめんなさい。ゴキブリを傷つける言葉だったね。先生だってダメなことをしてしまうことがあります。そのときはこれからもちゃんとあやまりますね。ごめんなさい。

◎ごめんね、いいよは当たり前じゃない

「ごめんて言ったのに許してくれない」

と言っておこる人がいますが、あやまったくらいで　簡単に許してもらおうなんて甘い考えだと先生は思います。許してもらうのが当たり前と思うのは今すぐにやめましょう。人の心を傷つけると簡単には許してもらえないと、思い知ることが大切です。

あなたは真剣に謝りましたか。これからわざと相手を傷つけるようなことはしないと決意しましたか。許してもらえないということは、決意が伝わってないということです。あなたの決意が伝わるように、これからあなたの行動を見てもらうしかありません。先は長いですよ。

◎人を傷つけ続けると大人になってからつらい

相手の気持ちを考えずに悪口を言ったり無視をしたりし続けていたら、あなたは大人になってからさみしい思いをするかもしれません。

大人になると、仕事や掃除洗たく、ご飯の用意や食器洗い、買い物やゴミ捨てなどで忙しくなります。結婚して子どもがいれば子どものお世話も加わります。だから、悪口を言ったり無視をしたりするような人とは誰もすすんで会おうとはしません。疲れているのにわざわざいやな気持ちになりたくないからです。

みんなには、大人になって忙しくなっても、時間をつくって会いたいなと思ってもらえるような人になってもらいたいと先生は思います。大人になってからも仲間は大切です。仕事でいじわるをしてくる先輩や、いやなウワサばかり流す人、あいさつもごめんなさいも言えない後輩に悩まされたとき、仕事のグチを学生時代の仲間に聞いてもらうことはとても大切です。あ、一応言っておきますが先生はこの学校の先生たちに対するグチを仲間に聞いてもらってるわけじゃないですよ。いじわるな人は今のところいません。

あなたの弱いところも苦手なところも受け入れて、あなたが本当の気持ちを話すことのできる友達や仲間がみつかるといいなと思います。大人になってみつかることもあるので、先生は今もさがしています。

◎こんな人がいたら、誰かと一緒にたくさんの大人に話をしましょう

あなたの身体には、服に隠れて見えないところがあります。あなたの身体の見えない場所を青紫色にしたり、血を出させたりする人がいたら、その人がいないときに信頼できる誰かに話をしましょう。もし、できそうだったら、信頼できる誰かと一緒になるべくたくさんの大人に、その人のことを急いで話すことが大切です。

あなたがその人のことを大好きでも、その人があなたのことをよく知っているいい人でも大丈夫です。

その人は心の病気かもしれません。たくさんの大人に相談すれば、その人の病気を治す

方法や薬を知っている大人がいるかもしれません。

水着で隠れる部分を見ようとしたり、写真に撮ろうとしたりする人。水着で隠れる部分や口を触ろうとする人のことも、誰かに話をしましょう。

あなたがその人のことを大好きでも、その人がいい人でも大丈夫。誰かに話をすることで、あなたとその人を守ることにつながります。

水着で隠れる部分に触っていいのは、おうちの人とお医者さんだけです。親戚の人や学校の先生、友達のお父さんやお母さん、あなたがよく知っている人でも触ってはいけない大切な場所です。

しかも、触っていいときは、あなたがお風呂でうまく洗えていないときと、病院でもらった薬を自分でうまく塗れないとき、命の危険があるときや、病気やケガをしていないかお医者さんが調べるときだけです。

そのとき以外は、おうちの人やお医者さんでも、見ようとしてはいけません。さわろうとしてもいけません。それくらい大切な場所だからです。

その人が「誰かに言うとお母さんが悲しむよ」「大人になって好きな人ができたときの練習だよ」「誰かに言うと痛いことをするよ」と言うかもしれません。他の言葉で、あなたが誰にも話さないようにしようとするかもしれません。それでも、その人がいないときに誰かに話をしましょう。あなたは何も悪くありません。恥ずかしくもありません。あなたはその人の心の病気を治すために話をするだけ。心配なことがあったら、そのことも他の大人に話してみましょう。あなたやあなたの大切な人の心や身体を守るために、とても大切なことです。

■世界はAIだけではなく人の智慧でより良く変えられる

——AIについて考えたことを、私からみなさんへの本文で最後のメッセージとします。

AIは時短のために利用すべきだ。でも全てを任せてはいけない。心をもった人間にしか解決できない問題は多くある。

AIが一〇〇〇年後を予想して、人間がいる限り地球の環境汚染が続くと判断し、人間に気づかれずに滅んでいくように誘導されてもおかしくない。AIを作ったのは人間でも、

ＡＩが人間の幸せを優先してくれるとは限らない。地球にいる生物全体の最大多数の最大幸福を考えたら、植物や微生物の方が桁違いに多いのだから。広い宇宙にいるかもしれない宇宙人も数に入れたら、なにをＡＩが優先するのかは本当に未知数だ。人間の幸せは人間が増やさなければならない。自分の幸せ時間は自分で増やさなければならない。

人が進化の過程で脳を発達させ、複雑な会話ができるようになったのは、誰かを誹謗中傷したり批判したりするためではなく、幸せな時間を増やす具体策について話し合い、必要なお金、時間、人員について考慮した上で、デメリットの少ない方法を練り上げるためだと思いたい。

人類が文字を発明したのも、誰かが誰かを傷つけるためではなく、自分や誰かの幸せな時間を増やすための具体的な解決策を考え、世界中に、そして未来に発信をするためだと思いたい。

あなたから発せられた言葉や文字が明日を変え、未来を変えられると信じたい。戦争だってなくせると信じたい。

愚かな行いを拡散して人生を棒にふる暇があったら、明日の幸せ時間を今日より増やすための具体策を真剣に考えて発信してみてほしい。

必要なものはすでにそろっている。考える頭と、発信するスマホだけ。


と、ちょっと調子に乗った書き方をしてしまいましたが、私自身は親にも先生にも感謝している一人の大人です。匿名で出版する理由は、この本を出版するために協力してくださった方々のプライバシーを守るためです。

けれどコメ活を続ける中で、この本を手に取ってくださったあなたと交流することはできるかもしれません。もしかしてとあなたが思ってくださったそのときは、

「あなたは誰ですか？」

と返信コメントをください。そうしたら私は、

「そうです。わたしが変なおばさんです」

と、大好きだったダイジョブダァさんの真似をさせていただいて、あなたにこっそりと返信コメントをいたします。

音楽で戦争をなくそうとされた坂本さんのように、歌詞が素敵で私がカラオケでよく歌う曲を作られている、ゆいさん、ちょび髭団長さん、超飛行さん、あやかさん、そして宇

宙ダ光さんが、世界の幸せ時間を増やす曲を出し続けてくださることを願っています。

この本の原稿を書き上げた次の日に見たドラマ「あなたがしてくれなくたって」の第一話の中でも、ＡＩにはない人間の素晴らしさが語られていた。ぜひ最後まで観たい。

他の様々な職業で、私たちの衣食住や娯楽を支え、物や言葉を生み出し、誰かの幸せ時間を増やすために汗と涙を流しながら日々尽力してくださっている方々。本当に本当に感謝申し上げます。

そしてその方々が、自分の時間を犠牲にすることなく、家族と幸せな時間をすごすことが当たり前にできる世の中になることを願っています。

この世界が少しずつでもいいから良い方に変わっていき、あなたの生活を支えるお金や、好きなことを楽しむ時間、大切な家族や友人と過ごす幸せが、当たり前に守られる世の中になることを願っています。あなたの大切な人生である、二四時間三六五日一〇〇年のうち、幸せ時間をできる限り増やすための隊員はこれからきっと増えていくことでしょう。

あとがき

なぜ人は本をつくるのか。私の場合、はじめは加害者の人権は守られるのに被害者の人権が守られていない世の中の仕組みに疑問を感じたことがきっかけだった。大切な人が被害にあったとき、絶対に守ってみせるという決意と、それが難しい世の中への不安や憤りのようなものが、ある日私の心の中に湧き上がってきた。けれども、この問題を解決するために、何が障害となっているのか、どうすれば法律を変え世の中の仕組みを変えることができるのか、その答えを早急に出そうとこの地球にいる一人ひとりとゆっくり語り合い、必要な知識を身につける時間が私にはなかった。この問題を解決するには、私一人ではどうにもならないと感じた。でも一人の地球人として私にもできることは何かないものか。そうして自問自答を繰り返す中で、微力ながら世の中を変えるためにこの一冊の本の出版を考えるようになった。

文字の発明は、未来に思いをつなぐことができる画期的なものだ。いつ宇宙が生まれ、地球が生まれたのか正確には私は知らないが、宇宙の歴史上一番価値がある発明は文字だと私は考える。どんな高度な機械やＡＩも、文字には到底敵わないと考える。

それはなぜか。文字は人の頭の中にある幸せに生きる智慧を未来につなぐことができるからだ。その人が死んでこの世から消えた後も、文字があるからこそ、誰かがその智慧を獲得し、その続きからまた新たな幸せに生きる智慧を練り上げることができる。

医学が進歩したとはいえ、人生は約一〇〇年しかない。けれど文字の発明のおかげで智慧を繋ぎ、一〇一年目の智慧を捻り出すことができる。人が絶滅しない限り永遠に繋いでいくことができる。「これは役にたつ、自分の幸せ時間を増やすことができる、孫ひ孫以降の子孫にも伝えたい」という一つの智慧を文章にして本にするまでに、膨大な時間と手間がかかるけれど、それを読むのはその一〇〇〇分の一以下の時間しかかからない。本には智慧が詰まっている。

だから私はこれからも本を読むのだ。自分や周りの人の、今や未来の幸せを増やす具体策をみつけるために。

一生懸命働いて稼いだお金をこの本を買うために使ってくださってありがとうございます。お忙しい中貴重な時間を割いて、あなたが最後までこの本を読んでくださったことがうれしくて、私は今とても幸せです。本当にありがとうございました。

あなたとコメント欄で会話できることを心待ちにしています。

（了）

きょうちん、おやりん、ドッキーの

「幸せ時間ふやし隊」宣言

2023年12月24日　初版第1刷発行

著　者　日ノ澤 和子

発行所　株式会社牧歌舎

〒664-0858　兵庫県伊丹市西台1-6-13 伊丹コアビル3F

TEL.072-785-7240　FAX.072-785-7340

http://bokkasha.com　代表者：竹林哲己

発売元　株式会社星雲社（共同出版社・流通責任出版社）

〒112-0005　東京都文京区水道1-3-30

TEL.03-3868-3275　FAX.03-3868-6588

印刷製本　冊子印刷社（有限会社アイシー製本印刷）

ISBN 978-4-434-33369-9　C0037